ADAM ELLIS

数独

SUDOKU
PUZZLE BOOK
VOLUME 1

200 PUZZLES

数独 SUDOKU PUZZLE BOOK VOLUME 1
Copyright © 2012 Adam Ellis
All rights reserved.

ISBN-13 : 978-1479279364
ISBN-10: 1479279366

What is a Sudoku Puzzle?

A Sudoku puzzle is a grid of nine regions, which are divided into nine cells.

The object to solving the puzzle is to input into each empty cell a digit ranging from 1 to 9 in such a way that every column and row contains each number only once (both horizontally and vertically). At the same time, the numbers must appear only once in each region.

Example:

Cells

Region

3	1	4	2	7	5	8	9	6
5	6	7						
8	2	9						
2								
7								
6								
9								
1								
4								

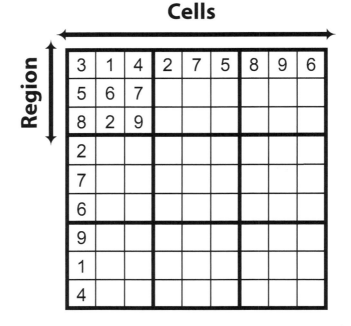

Note: Answers to all puzzles begin on page 105

3	1	4	2	7	5	8	9	6
5	6	7	8	1	9	3	4	2
8	2	9	6	4	3	1	7	5
2	9	1	4	5	8	6	3	7
7	5	3	9	2	6	4	1	8
6	4	8	7	3	1	2	5	9
9	7	6	3	8	4	5	2	1
1	3	2	5	6	7	9	8	4
4	8	5	1	9	2	7	6	3

8	4	7	5	6	2	9	3	1
3	2	1	4	7	9	8	6	5
5	9	6	3	8	1	4	2	7
1	8	9	6	2	7	5	4	3
7	6	5	8	4	3	2	1	9
4	3	2	9	1	5	7	8	6
9	1	4	7	3	8	6	5	2
6	5	3	2	9	4	1	7	8
2	7	8	1	5	6	3	9	4

6	8	2	5	3	9	7	4	1
9	5	4	1	7	8	3	2	6
3	1	7	6	4	2	5	9	8
1	3	6	8	2	4	9	7	5
2	4	5	9	1	7	6	8	3
7	9	8	3	5	6	2	1	4
5	2	1	4	9	3	8	6	7
4	6	9	7	6	5	1	3	2
8	7	3	2	6	1	4	5	9

2	4	6	1	7	8	9	5	3
1	7	3	9	6	5	8	2	4
9	8	5	4	3	2	6	1	7
6	2	9	5	4	7	3	8	1
8	5	1	3	9	6	7	4	2
4	3	7	8	2	1	5	6	9
5	1	4	7	8	3	2	9	6
3	9	2	6	5	4	1	7	8
7	6	8	2	1	9	4	3	5

Puzzle 5

2	7	4	9	5	6	8	3	1
1	8	5	4	3	7	2	6	9
6	3	9	8	2	1	4	7	5
7	2	3	5	9	8	1	4	6
5	9	6	1	4	2	7	8	3
4	1	8	7	6	3	9	5	2
9	6	7	2	8	5	3	1	4
3	4	1	6	7	9	5	2	8
8	5	2	3	1	4	6	9	7

Puzzle 6

7	5	1	4	8	6	9	2	3
3	6	8	9	2	7	4	5	1
2	4	9	1	3	5	7	6	8
1	9	6	8	5	4	2	3	7
4	2	5	6	7	3	8	1	9
8	7	3	2	1	9	6	4	5
5	8	4	3	9	2	1	7	6
6	1	7	5	4	8	3	9	2
9	3	2	7	6	1	5	8	4

5	4	1	3	8	6	7	9	2
6	3	8	7	9	2	4	1	5
2	9	7	5	4	1	6	8	3
9	2	5	6	7	8	1	3	4
1	6	4	2	3	5	8	7	9
7	8	3	9	1	4	2	5	6
3	1	6	8	2	9	5	4	7
8	5	9	4	6	7	3	2	1
4	7	2	1	5	3	9	6	8

				9				
1	9		4	7	5	3		
	5	8		3	2			4
	6					8	3	
8				5			7	9
		7			3		2	
4	7		5		8			3
		3		1		6		
	1			2	7	9		

Puzzle 9

	1			3			8	5
	3	5			1		4	2
	4		2				6	
					5			8
	6		3		7	4	2	
7		1		4	6			
				6			3	
			5	8				
	5			1	4			6

Puzzle 10

			4		1			
		6	9	5			2	
			6		8	7	3	
	4			6	5	8	1	2
8		3	7	9			6	4
		5						
3						2	4	9
				1		3		
6			2				5	7

	2	6			9	4	3	7
3		4			2			
5	9		3			1		
2				4	5			1
	1	8			7	5		4
	4		8			3		2
	3				8	6	1	5
8			9				4	3
	6	2						9

	6	9			7	8	3	5
7			1		3	9	2	
	3	4		5			7	6
4		1			5	7	9	8
				1		2	4	
				9				1
			9	7		6	5	2
5	7	2				4		
9	4						8	

Puzzle 13

4	3		5		2			7
		5	1			3		4
		2	7		3	9	8	
3		4	8					
	8	9			7	6		
6	7	1	9		5			3
		3	2	8		4	7	
	2						1	8
	4				1			9

Puzzle 14

		5	8	4		9	3	
	2	1		7	9	6		5
		8						
3	7		4			5	1	2
					1			
	5						9	
	1					3		
	4		2	5	7			9
			6			4		8

Puzzle 15

5				4	8			
8		7		6	1			2
		4		7	9	8		
	7	8		5		6	1	
4							7	
3			6			5	9	
	8						2	
1		2			6			
	4			2	5		3	7

Puzzle 16

		8		4		9		3
		5			7			
						4	7	2
2		6		3			8	1
3			2	5				6
8		7	6		4			9
1	6		4	7				
5		4				2		
	8		5		6	1	3	

17

							1	4
5			3		4		8	6
	4	3	8	6	7	5		
	5		7		6			
						8	2	
3		8		4		6	5	
	8	5	2		9		6	1
			4			9		
	3			5		2	7	

18

			9				5	
			8	7	1			
7	8	6	2					
8	3		4	1		9		
9						7		3
	5			3		6		
3		2					4	
6	1		3	4	2			
5				9			6	

Puzzle 19

1		5	7		3		4	
9		7	8	4			1	
	4		1	2		7	8	
	5			9	7			
7	1			5	8	4		
			2					9
		2	9		4	8		
3		4			1			7
		1	5			3		

Puzzle 20

					2		1	7
	3	5			7		2	
				8				
4			1		6	2	5	
		1	5		8	9	7	
		7	9				4	
			8		9			2
2						6		
		4			5	7		

Puzzle 21

		4	8	6	7	5		
				1		8	7	
6	8		9		3		4	
		3	6		4		9	2
9				2		6		3
	2		5		9	1	8	4
3	7		2				6	
4								
8	9		3		6			5

Puzzle 22

8	3			6	4			
5	2		8	9				
	6	9	1					
	1		4	3			7	
7					8	3		
3						9	8	2
			3	8		6		
			6	2		7	9	
	5	2	9		7		3	

Puzzle 23:

6	1		5	8			9	
	3					5		
	7			4	1		2	
		2		3	6		8	4
						6		
		7					5	9
		5	8		4	2		3
			7	5	3			
1		3	2		9			

Puzzle 24:

8							2	
9			4		5	8	7	
2		5			1	9	6	
7		4			2	5	3	6
		2			6		4	
5	3		9				8	
			2	9				3
			6	4	8		1	7
		7	5		3	6		

Puzzle 25

		4	1		3	7	5	
		3	8		6	2		
1		2		5				6
		7	5	4	8		6	
	3	9		6				
				3	2			5
	6		3		4	5		
							1	8
4	9			1	5			7

Puzzle 26

	6	5	8					
							3	
	1				2		9	5
2			5			1		9
9	7				4		5	6
			7	9		4	2	
			2	4	5	3		7
	4	2					8	
3			6	1	8	9		

		3				5	2	
5		9	6					8
							9	
6		7	9		1			5
9		5	8		3		4	
8	3	2			7	9		
	8							
		6			8		1	
			4	5	2	8	7	

				6		3		
		3	9			6		
				7	8		5	
1	7		2					
	9	2	1	8	3	7		
	3	8	5					
		5						8
	8	1	6		5			3
7	2	6		3				9

Puzzle 29

		1	7	8	9	4		5
6			4				7	
	7		6		3	1		
4	2		1		7	6		9
9	8							1
		6			4			
		9		3		8	5	
				7	8			
	6	5	9				3	7

Puzzle 30

				9		7		
			6			9	2	
		7					1	
	2					6		
	9	4	7			5		
1	6		3		9	4	7	
	1	2					4	
	4	8	5	2	3			
		9	8		4			5

	5		9		4	1	7	
2	1	4			6			3
	9	3					8	6
	2			9			4	
6		9	1		2		3	5
				6	7			8
			6			3		4
9						8		
			5					

		9	4	5			8	2
1		6				5		7
	4				7	1		8
	6	1	5	2		4		
3			1				2	
				4	9	2		1
			7		2			
	9	4		1	5	7	3	

Puzzle 33:

	4		9	6			1	
				4		7	3	
			3	5	7		2	6
	9						4	3
8		5						7
	1	7	6	2			9	5
	7	8				3		
	6			3				
		9	2	7	4			

Puzzle 34:

6	1				3	7		
	3	2			1	8	6	9
4				8	5			2
	5			9		2		3
						5	7	
				5				
	2	6		1	4			
7		3	5		2	9		

Puzzle 35

					7		9	5
	1	4	9	3	8	6		
		9	2		6	8		
7		8		9		2		
	4			7	2			8
1		2			3			
	3	1				9	8	
		5			9		7	
2			3			1	5	6

Puzzle 36

				9	6		2	1
			3					5
						3	9	
7	2				4	1	5	6
		5		6	7	4		9
		6			9	2		
3				7	8		1	
9		4	1	2		8	6	
	5	8	6			9		2

4	6		9		8	2		3
3	9		6		1	7		4
	7			2		9		
		9			3			1
	3	1			9	6	5	
				1				2
		3					4	
						1		
5	2	4			7		3	9

4			3				5	8
9				5	8	2		
	5	8			7			
1	8		7	6		3		
7			5					2
		9		4				
	9			8			2	
		4	2		3			
			1			7	4	6

	3	7		9	1			4
						6		7
9			5					3
	6			2			3	
		3		6		7	2	
2		8	1	3			6	
	8	5	3	4		9	7	
1		2						6
	7	9						

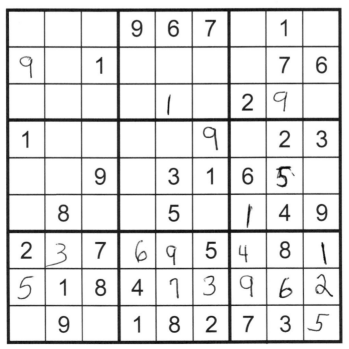

			9	6	7		1	
9		1					7	6
				1		2	9	
1					9		2	3
		9		3	1	6	5	
	8			5		1	4	9
2	3	7	6	9	5	4	8	1
5	1	8	4	7	3	9	6	2
	9		1	8	2	7	3	5

3	1	8	7	6	9	5	2	4
2	7	9	4	3	5	1	8	6
5	6	4	1	2	8	9	7	3
8	4	3	2	9	1	6	5	7
7	9	6	5	8	4	2	3	1
1	2	5	6	7	3	4	9	8
9	8	1	3	5	6	7	4	2
6	3	7	9	4	2	8	1	5
4	5	2	8	1	7	3	6	9

8	2	6	7	9	3	4	5	1
5	4	7	6	2	1	3	8	9
3	1	9	5	8	4	2	6	7
6	7	1	4	5	2	8	9	3
9	3	2	8	1	7	5	4	6
4	5	8	9	3	5	1	7	2
6	9	3	1	4	8	7	2	5
1	8	5	2	7	6	9	3	4
2	7	4	3	5	9	6	1	8

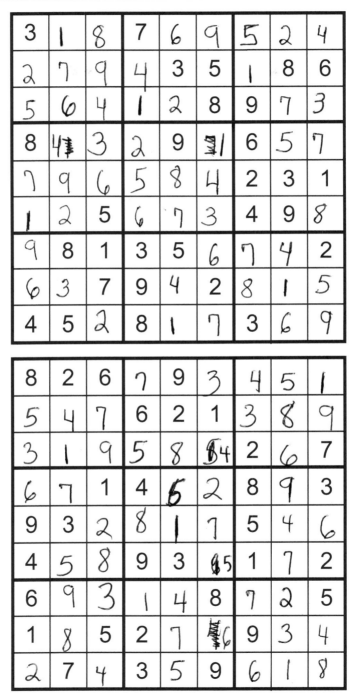

Puzzle 43

	6	3	2	9		7		
				6	8			
	9		3	5	7		4	
6			4		1	9	8	3
1	4	8				5	6	
3		9						
		2				4		
			8		2		5	
4				1	5	3		7

Puzzle 44

				1				
			6				3	4
			9		4	6		
6							4	
	8	4			5		2	
2			3			7		1
	9	8				4	1	
	6				1		9	8
5	4		8	7			6	

Puzzle 45

9	5	3				4		
	7		9					
	2	8			4		7	
7			2		8	9	4	1
			1		5		8	3
		6		9				
3	1			8		5		
5		2	7					8
	6		3		9		1	4

Puzzle 46

6	7							
2		5		1				9
	4	1			6	3	8	
			6			1		
			9	5	7			
				3		9	7	8
	5			8	1			
	3			6	5		1	7
7	1		3					

3				4	2	6	9	
7				8	9	3	2	1
		9	3	1				7
8	4						1	3
	3		8			9		
	9			3		5	6	
						4		
4	8		5	9		7		
6				2	8	1	5	9

9		5	3		2	8	1	
4	6	1	9					
				1	4			6
	8			4	6	3		
6		7				5		
3	2	4			5	1		8
	5	8					3	
7	9	3				4		
	4	6		5	3	7	9	1

2	3			8	4		9	
	6			9		2		1
	8			2				4
			5	4			2	9
9		3				5		
				7		4		
6								7
	7		4			1		
4		1	2			8	3	5

		5	1		9	4	3	
		3	7				8	1
				6			2	
	3					1		8
		9	6	3				
		6	4			5		
1				8	6	3	4	
	6		9		5			
2						8	5	

								3
		5			6	8		
		6	9	3				
9					3		8	2
2		8				7	4	6
			7					
8	1				2	4	7	
			4	7		6		
					5			

				4				9
5	6		9					
8		1				4		
1		3				8		
				7				
9	8	2		1			4	
	2			9			7	
			6		2			8
			8				2	

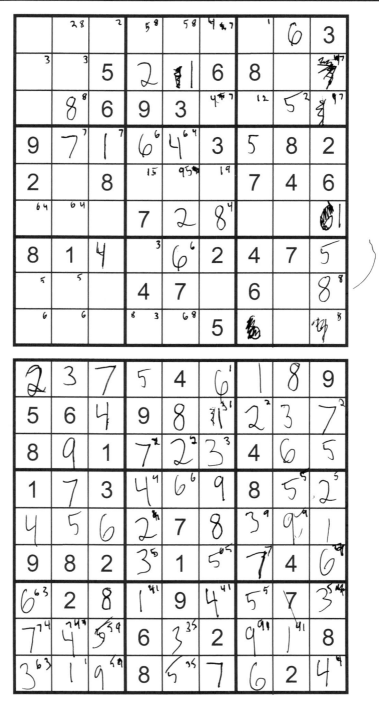

	2	7			6	5		
1				3			2	4
7			4	6		9	5	
						3		
	5	1						
2					7	4		1
9				2				
			6	4				3

		8			3			
	5	6			7	8		
7								3
	8	4				2		
	9					6		8
			1			3	5	
6			4	8				
			5	2		1		
					9			

8	3	5	9	1	2	7	6	4
1	2	9	7	4	6	3	8	5
4	7	6	5	8	3	9	2	1
7	1	3	2	5	8	6	4	9
9	5	8	6	7	4	1	3	2
2	6	4	3	9	1	5	7	8
5	8	7	4	3	9	2	1	6
6	9	1	8	2	7	4	5	3
3	4	2	1	6	5	8	9	7

Very difficult

3		9		2			5	
6	2	5				7		
1		7				2	9	
	6					3		
	9		3		4	6		8
	3	4	6				7	5
			4	6	9		3	7
9	7	3	5	8	1	4	6	2
4		6		3				

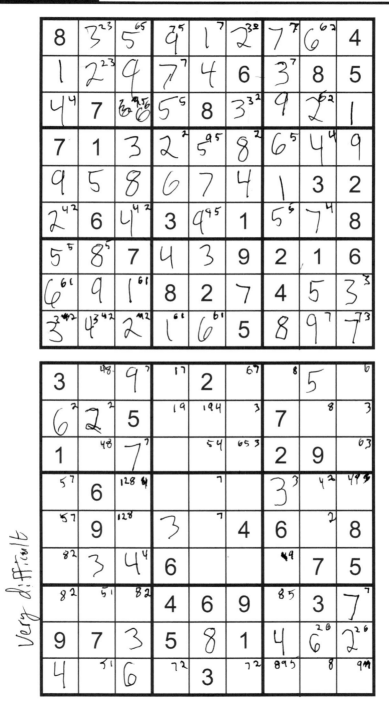

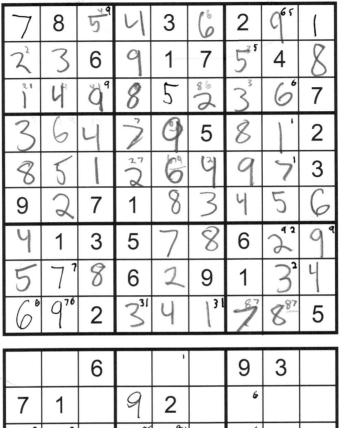

7	8	5	4	3	6	2	9	1
2	3	6	9	1	7	5	4	8
1	4	9	8	5	2	3	6	7
3	6	4	7	9	5	8	1	2
8	5	1	2	6	4	9	7	3
9	2	7	1	8	3	4	5	6
4	1	3	5	7	8	6	2	9
5	7	8	6	2	9	1	3	4
6	9	2	3	4	1	7	8	5

		6				9	3	
7	1		9	2				
							8	
		9	3				6	
				4	1		2	
		7						
					9			
			1					6
	2	3	8					

33

Puzzle 9

6		7		9				
		9	5	3	8	7		
								4
					9		6	
								5
	3	8		2				
	5		1					8
				6		5	3	
1			4			6		

Puzzle 10

2	5		6					1
	1				4			
			8			3	6	
4	9							
			5					7
	2						8	
		8						
				9			5	2
					3		7	

Puzzle 11:

	3			1	8		9	
	4			3		2		
1		6				8		
2			7					
	1		3		4		5	
					1			4
			5					7
6						9		
					6			3

Puzzle 12:

		8				1	7	2
		2		4		3		
		5					6	
				3	7	6	4	
	4	3			8	7		
9	3							
	6		9			8	1	
			1					9

					1			5
	1					8	9	
			6	8		7		
	9	2		1	5			
7			9		4			
1		6				4		
			5			2	7	
	4							
9			3				8	

				9				
	5	2	4			1		
		4				9		6
		1			7			
6							3	
3								
	2	3	1	5		6		
				7				8
7		9	3				4	

Puzzle 15

	9					8		6
3						4		
							5	
5		6	3				8	
2				9			3	
			6	1				
	2			5	7		1	
1		7						
			4	2		9		

Puzzle 16

		6						
			5		9	4	6	
1	8			2	3			
			2			3		7
2		7	8				4	
	5			1				
	7						8	
6						9		
						7		3

Puzzle 17

		3					6	
				4	6			3
	4			7			9	
5			7			2		9
3			9		2	8		
					4			
	5		2					
7							3	
			8			1	2	

Puzzle 18

7	8						3	
	1		2	4				
			5					
	7		3					
9							6	
		4		6			9	
	9						7	
					6	5		3
5	4		8			2		

8			2	7				
		3						
				9			3	8
	5		7	4			9	
						2		
	9			3		7		
7			9		1		5	
6								4
3							8	

		6			3	7	4	
	2	3			7	8		
			4	6				
		8						5
			8					
						4	1	
	3	1	2					
		2		7			5	
	8	7		1				

Puzzle 21

3					6	8	7	
	9						1	
		1	5		8		4	9
		9			7			
					3	2		6
			1			9		
9	4	6						
8		7		6				
			7					

Puzzle 22

				3				8
					4	1	7	
		8			9		4	6
		1					8	
	9	6	7	5	3			
3								
	5			2	7		3	
			6			5		
		4						1

	5		7		6	9		
		8	3			4		1
	4						3	6
	2							
		1			5			
		4					9	
8	7			5				3
2		6		3			8	
				7	1			

4	1				6	7		
		7						5
	3				8	2	4	
1	2		3				8	
	4		7				9	
			2			1		
3					9			
	9			2				
								1

Puzzle 25:

2			3					
4		1						
8	7		2	5	4		9	
3		9						
						2	5	
				6		4		7
	6		7					5
	8				5		6	
				9		8	4	

Puzzle 26:

2						6		
		5				3	7	
					2		8	1
3							4	
				1	9			
7				6				8
		1	4				3	
		9						
	4				3	8	9	6

7	9							
			8					
		2						9
		1		5				
		3			4			
5					9	3	6	
6			4	2		8		
		4		8		1		
3			5			7	2	

	6			1			4	
	7			3				2
	4					8	6	
		4						
						6		5
2			5					8
8			2		3			
					8		5	6
	9	3		6				

		5		6		3		1
		3			8			
6					9		5	2
						6		
							7	3
				4	7		9	
8		2	5		4			9
	4	9						
	1		2				3	

		8		4	3	2		
	9							
	6	2				7		
					4		2	
				3	7	6	1	9
9	3		6					
	2	3					8	5
5		7				1		3

					5			
				7		4		
4	1			2			7	
		5					8	6
	3		6					
7	9					2		
			1				3	
8	7					5		
			3			6	4	

				7				1
	8				3	4	2	
		4	1					
	4	9						
			9					8
6			3			2		
8	7	3			2	6		
	6		5					9

Puzzle 33:

5						2	6	9
	9	3				7		
		5	9	6				
	1		3					2
					7			3
7	4		1	9				
				2		8		
		6			3		1	5

Puzzle 34:

5			7					
8	7		4			2		
				9	1			6
			6	5		9		
			3			8		2
	4				2			7
						6		
	5	3		1			2	
		8		6				1

Puzzle 35

	1	2			7			
4	8	6		9	2			
			4					
			6					4
						1		
2					4	9	8	
		1			9	7		
6		7		4	5	2		
5				7		8		

Puzzle 36

3	6			8			2	1
					7		4	
8								
5	4							6
								5
					9	7		
	2			6	8	3		
6		5	4					9
			3					4

Puzzle 37

								1
	3						2	6
4		9				3		
								2
	7		8			9		
1					3	7	5	
					4	6	1	
5			7	8	1			
8			3					

Puzzle 38

					2			4
	7			3		5	9	
	9						3	
				7		6		
7					6	2	5	
	5							8
		8	4					
			6	9				3
	2		7			9		

			5		6			9
		3				7		
		1	8		3			
		7		6	5	1		
3		5			9			6
		4						
								1
	7		1	9			6	
				8		4	7	

4	1		2		8			
					7	6		
			1	4				
		2	4				3	
8					5			
	4	5		2	1		8	
				5				
					6	9		
	3		8			5	4	

Puzzle 41

		8		4				
				9			1	
	5					8	6	
	8	1	2			4	3	
9			3					7
5					9			
3	7		1					5
	9			2	8			

Puzzle 42

6		7						
			6	9			4	8
9							1	
			7	6				3
		6	9	3	8			
	7				6			
	8					2		1
		5	8		2		9	

Puzzle 43:

	7							
1				8				
2	5		3		1			7
						9		8
						5	7	
		4		3	8			1
7							2	9
		9	6	1	5		3	

Puzzle 44:

		7	1			3		
5		6			3			
		1	6			8		5
8			9		6	7		1
			2	1				
						4		8
	7					6		2
	5						8	
	4			9				

Puzzle 45

					1	2		
9	3	2		7				5
7								
	5		1	3		8		2
	4						3	
			2				9	
4					7			
	9			2				
							4	3

Puzzle 46

			5	9		7		2
	7			6			4	
	9		3	8		5		
9	4							6
			2					4
		3	7			8		
		5						
		7		3				
3	6							

Puzzle 47

		3					7	
					2	8	3	
5	1					4		6
6	7			4				
	9		8					
					6			
	4							
			1	7				
9					5	7	2	

Puzzle 48

					8			
	3	1		6	9			
			5			9		
				4		6		1
	2			5	3			
		6		7			3	5
7				9			5	
8								3
	9					4	7	

							2	8
				4			1	
			8	1		6		7
	3			8				
			1					
5				7	4	2	9	
7				5	8			4
	8					3		
	6		2					5

4					8			
		1		2			3	
	5				7			
	6				5			
			4			3		
3		4				7		1
2				8		4		
5						9		8
8		9	5		4			

8		1		3				6
4		6				9	3	7
		3		6			8	
		7				6	4	3
6			9		3			8
			6		7			
			4		1	8	6	
	6	2	3		8		5	
	4	8	5		6	3		

				4				6
	3				2	8		5
	6			1	7		5	3
	4					2		
	7	5						1
9			1			3	6	
			4	7		9		
6	8	4		9				

							7	
5		7		4				8
			8				4	1
					8			
8			2	5	1			
		9		7			3	
4		6						
	2	8		1				6
	9		6		2			7

							4	
3				8			2	
	4		9			3		
6					9		1	
		1						
			7	2		9		3
	6		8					1
				3				5
	7			6		8	3	

7					3		8	
						6	2	1
5	6	1			8	4		
						8		7
		3		7	5	9		
4				3				
6		5						
	8				7		4	6
			1					

	5				3			
					1	2		
4			6					3
		3	8					
		2					7	
						1	6	
5	6		4					2
						4		
7				8		9	1	

	2	7				8	5	
	9		7					
1								4
		4			1	2		
	8	5	9					6
							6	3
	7		2		9		8	
		3	5	8				

	5				4			3
		7				6		
6								
	9		1					
4		3	7			1		
8						4	5	
	8				5		2	
			9					7
		5		3	7		9	1

Puzzle 9

		7	1		2			6
				9		2		
3		8					7	
			2	6				5
						6		
	8				9			3
		1					8	
2	5		8					
	9				7			2

Puzzle 10

			5	2	1			
			3			1		
2		9						8
5	3		2					
					4		5	7
								9
			8			6	2	
3			7					4
		4					8	5

11 - 12 Moderate Puzzles

				6				2
6						7	5	
		2	1					9
								4
5	9	6					1	
			8	3			9	
		7				3		
	2				3			5
			9	4				1

		9			3			
				4		2	6	
3		1	6	7				
1				5				
		6						
					8	7		
		7		3				6
5								2
		8	1			4	5	

Puzzle 13

6	2							1
		5	4		6			2
	3						9	8
				1	3			
4	9	1			2			
	8					9		
				3			5	
					7			
	6				8			9

Puzzle 14

							4	
	2		1			7		
	1				6		3	2
				8		2	5	
	3			6				
			5		4			
6				5		3		7
2								4
		1	8		7	5	6	

Puzzle 15

			5					
				4	2			5
9				1				4
				2			8	3
			1			4		
	5	8	4				9	
	9	7		3	8			
6							7	
	3		7			1		

Puzzle 16

			7	4			2	
						5	1	
				8		4		
			6				3	
		6	1			8		
	2				3	7		5
8			9					1
3		5		7				
9					4			3

					8			
		4		5	6	1		9
2						5	8	6
				8				
5		2						7
				7	4	8	5	
		1	6					
			1			4		
6					3			5

	3		7				5	
	6	4		2				9
	8						4	2
1		8		4				5
			1		8			
		3		6		2	9	
			2	7				
5								6

6				7		8		1
				1		5		
		3						
			9					
		6	3	4	7			
8	1				5		4	
	8					4		7
				3				
			2			1	6	

	6			2		5		
2		8		4	6		3	7
4	5		1		3	2		
							1	4
				1		7		2
					4	6		
5				6		3		
	4			7				
		1					7	5

	5			6				
	1		8		2	9		
8	2					6		5
		6				5		
								7
2					1		3	8
7					3			1
					7			
3				4				

			1			8	5	2
	4	9						
8						7		
				9	8	6	2	
	2		7					
			4				7	5
	7			2				
		4		1	5			
	6	2					4	

Puzzle 23

1				4				
						7		
3		4	8	7				
			3					
		2	5		8		4	6
	5						9	2
	6		2		3		8	
4		8	6			5		

Puzzle 24

1								
					8	2		5
		8	4	6			1	
			8	4				
		5					2	
	3	7	1		6	8		
	6	1		2			8	
7					3			
		9					6	

				6	4	9		
	9						1	
			3		7			
						8		
		8	7	1	9			6
6	4	5						
1				8				
	2		9				3	
4						5		9

5			1					9
					5			
				6		4		
	8							
9				7				1
	2		3		9			8
		8	6			2		
					7			
6	4			1			8	3

Puzzle 27

					5	7		3
		5		9	8	4		
	4							2
9	5			8				6
		8			3			
			2				3	
		6		7			9	
1			9			3		

Puzzle 28

			8			6	4	9
	6	4	3			1		
			1			8		
		5					2	
3	1			6				
				9				
					7	9		
				3				1
	3				2	7	6	

		2			4		1	3
4	3		9		7			
	9		8					
						4	9	
						6		2
7		6		1				
				9		8		
		4	6		2		3	

				6				
		8	5				6	4
			1		2		9	
8	9					5	4	
7		6			1			
1				9				6
		2			8			9
							3	
			4			2	5	

Puzzle 31:

				2				9
								4
			5	9		1		
	2						8	
1					2	9		
9		7	8				6	3
2				4			1	
	7				9			5
4	8							6

Puzzle 32:

							8	9
					3		7	
			7			1		6
		8	1			5		
		1			5	9	3	
	4						2	
	7		2					
3				7			1	
2			5		9			

7								
	1		2		6			4
						6		
		8			5			
2					7			
				1		2	5	8
	6	4			8			
5	9					1		
			3				7	

5		8						9
9								5
	3						4	
6				1				
	7			2	8	6		
			5					8
		3	9	7		5		6
8			1				3	
				4		2		

35 - 36 Moderate Puzzles

6								
				5	1		3	
	5		2	3			7	4
			4		3			
9				8			2	
								8
	6							
							5	3
8		4	9	6				

4			5				1	
			6	3	2			
9							2	8
				7				6
		1				3		5
	2	4					8	
	5					7		
		8			6	4		
							3	2

	6				2			
			5				1	
	9			4		3	7	2
		4	8		6		9	
9	8							
1				7				
				2	7	9	6	
						5		
	3	8						

			7	3			5	
6	7				5	1		
					6			
	9			7				3
			1		4	2		
			8					6
							9	
	4	5						
2		6		8				

		1		4			5	
3		5						7
	6					8		
8		6	2					
			7		9		1	
	1		5			3		6
			3		8			
1	7							
			6	7				5

	2	4						
5						4	1	
				7			3	
					9	6		
		6	3			7		
	1		6		8		2	
					3		9	
2	4		8					
	9				2	5	8	

Puzzle 41

			8	1	5		4	
9								8
		1						
	3			8	6			
	5			3	9		2	
								4
		7		2				
	2	5		9	8	7		
		9			7			3

Puzzle 42

		8					1	
	3				1	4	2	
7				9				
		1	5			3		8
				2	8	7		
	4						7	5
5		9		4		8		
			9	6				4

Puzzle 43

				9				
		8			5		7	
9	7							
	8	9			7	6		
				3			4	9
							1	7
3		1			6			
6		5		8	1		2	
			4			3		

Puzzle 44

		6	5	7				
	7	1		4			6	
9					3		5	
		3		8	9			
						5		
4								1
1	2				4	7	9	
		7			6			
			2					

Puzzle 45

	4						8	6
		3		9	5			
9	7						3	
8				5				
3			1	8			6	
					9			
	1			2				7
		6				5		
					8	4	2	

Puzzle 46

			9					1
		6						
				5	2	4		
	9		5				1	
	3			8			7	
				2				6
4							2	
					1		8	
7	5		8	9	3			

Puzzle 47

	2	9		7				6
	7					9	3	
4					9	5		
			7				8	
3				1				
			2	5				
		8					9	
1		7	9				4	8
			1					3

Puzzle 48

1								
			5	3			2	1
7						5	6	
	2		4			9	3	
		7		2	8	1		
8								
			9				8	
						4		3
3	1		6					5

		5	1				9	
2	6							
	8	7		4	2			
3								8
							6	7
	1		9	6		4		3
7							8	
			3			2		
				9		6		

6						7		
		1			2			
	3				4	5		
		4	7		6			
			8	1		3	6	
		5	9					7
	8			2			3	
7					8		1	5

7	3	8	4	6	2	1	9	5
2	6	4	9	5	1	3	8	7
1	5	9	3	7	8	4	6	2
6	1	2	8	3	7	5	4	9
8	9	3	6	4	5	7	2	1
5	4	7	2	1	9	8	3	6
9	8	5	1	2	3	6	7	4
4	2	1	7	8	6	9	5	3
3	7	6	5	9	4	2	1	8

1	4	7	3	9	2	5	6	8
3	8	6	1	5	4	2	7	9
9	2	5	7	8	6	3	1	4
8	6	4	9	7	5	1	3	2
7	5	9	2	3	1	8	4	6
2	3	1	4	6	8	9	5	7
5	7	3	6	2	9	4	8	1
6	1	2	8	4	3	7	9	5
4	9	8	5	1	7	6	2	3

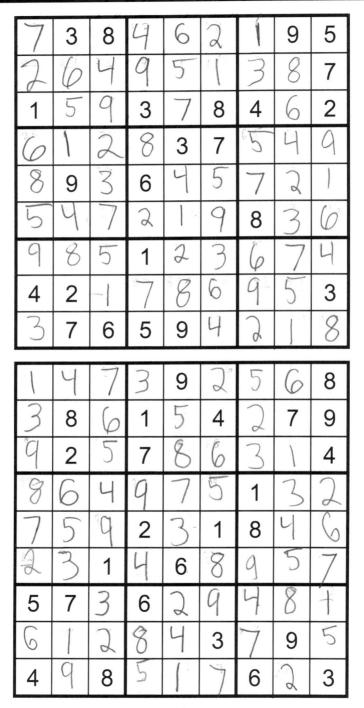

3

6	2						4	
1					3			
			2	8		7		
			9				6	5
						3		
8		7						
				2		8		
3		2	1					
	5				6	1	9	

4

5	4					6		1
6			7	8		9		
7	3				6			
		1						
				7				2
			8		9			
2							4	
		6	5	4		1	9	
						5		6

	3				9	8		
6					1			
	1	4				5	6	
	7				3		5	6
			7	8			9	
			1		4		2	
	2						3	
5			9	3			1	4
				2		6		

			5	6				2
		8		2				9
					9	6	7	3
					6			
	1			4		7		
6			7				5	
					1			
5		9			8		2	
	3	7			5		8	

Puzzle 7

					5	4	7	
			2	8		5		3
9				6				2
			8					
8	4	6	9		7			
1				3				
		7			1		6	9
	3						8	

Puzzle 8

6			7	8	4			
	2				3		7	
			6			9		
		2		3	1			
								4
			4			8	9	
	6					1		5
8		3			5			2
				1		7		

Puzzle 1:

				7				8
1					3			
					6	7	2	
	5		6	3		9		
		9						
	7			1		5		
6	2		9				1	
	4						5	
8				4				

Puzzle 2:

					8		4	
9		4						
7	2		3					
		9				8	6	
1				2	5			
	4		8				2	3
					3	4		
				9	2			7
4		2						

					1		3	
	1							6
		3						9
					2	7	5	
	9		4					3
		2	5		8			
	4	7		6		2		
2		6		7				
		8					6	

		6		1				4
9								
	3		4		2	8		7
	7				8			2
						7	9	8
							4	
4	2					6		1
	5				3			
1							5	

Puzzle 13

				5	8			
	4						9	
						2		3
5	8						3	
				6			1	
	7	9		1				
4					6			
	1	7	9			6	5	
				3			8	

Puzzle 14

4			5				1	
9		1						8
	7							
1		7		3	6			
			8	4		2		
	3							9
			4		3		5	
				5			2	
	4	3				7		

1					6			
			9					4
5							6	
	7						4	
2	8		5		4	6		
		1		7		2		9
				9	8			
							2	8
9	2						3	1

		6			7		4	1
	4		2	3		5		
	1					3		
8					9			4
				1	8		3	
5	2		6					
	7					6		
		2	7				8	

Puzzle 17

							5	
6				2	7			
9	2					4		
7		5		8		6		
	6		4	3			2	
			7			1		
			1	6			8	3
					3			
					4			9

Puzzle 18

6					3			
		8						
4				6		7	2	
	7							4
						8	3	
			3	2	1			
				4		2		
		1			6	5		
		9		7		1		8

	8	1	6					7
			5					
	9	7			4			2
3	6		7	1			9	
2						3		5
							7	
		2	9			8	5	
				6	3			

			9		5	4	3	
				1	4			
			7			2	9	
	1	7			8		6	5
	6					8		
4	8							
	2				6			
					1		7	
		9		3			5	

Puzzle 21

3			9					
7	1		2	4		3		9
5			8			6		
9								7
					4			
						5		6
6	3		4			9		2
				1			6	
	2		3		9	4		8

Puzzle 22

2				1				9
	5	8					7	
1	6	3				8		
				5	9		2	
	8		6					4
			2			6		
6			9		3	7		
	2	7					5	

		9	7		3			8
		4					6	
	7					1		
	6		9			5		
8			4					
				2	7		4	3
9				1				2
1			3					
			5					9

			6					
				8			5	4
6	2						7	1
		1	9	2				
2					7		4	
	6	5				3		
	7			6			3	
	5							8
				1	9	4		

					4			
4						9	8	
	6		3			7		
	5	9						7
				1	9	2	5	
		8				3		
		3						9
			4	6	8		2	
			7					

		4	1				6	
	5		4	6				
1	7			5				4
				2	1	6		
5								
	9						3	5
		5		4	2			
							8	7
3		7						

27

7					9	3		6
					4			
3				6		4		
5		2	1			9	4	
		1				6		
		7	5					
4				1	2			
		9		4		1		2
			8					

28

		9		5	2		6	
4							9	
			8			5	1	
7				8	5	4		2
					7			5
		2						
	6	7						1
		4	6					
5						3		

Puzzle 29

			7		4			2
				8			3	
						9	5	4
							4	
		3		2	1			9
8				6		2		1
	9							
	8		6	3				
		6				5		3

Puzzle 30

8			4					6
		1		5				
6	2							
1							7	
				3	6		9	
3			2		8			
7		5				1		8
		3						
	1				3		5	7

Puzzle 31:

9		2			7	3		
					5		6	
	3		9		8		1	
		6						
4	1		8					
	2				1	6		
							4	
7				4				3
5	6					2		

Puzzle 32:

3					9	5		
		1		3	2			6
	5	6						
	3						5	
4	8				1	9		
			8			7		
			4					
2				1	7			
			5				1	7

1		7						
			1			9		6
	9	3	7		5	1		
		2				3		
		1	4				6	
	3		8	5		7		
4	2			8				
		9						
3			6				4	

•	•	•	•	•	•	•	•	•
		2	8					
	8		4	7				9
5						7		4
3	5							
	1	8	9		3			
			2	8	6			
					2		9	
		9						5
			1			4		

Puzzle 35

7	1							
			6					2
8					2		7	
	3			1		9		
		1				2		
		8		4	6			
			8			7		
		3		9	4		6	
		9			5		2	1

Puzzle 36

			6				2	8
			2		8	5	1	9
5				1				6
				9				
	7	9		8			6	
2	1							3
	8			7				
			4					
6					9	3		4

Puzzle 37

	2							
		3	4					9
4		8			5			7
					7			2
	7		9	5		6		
		5						3
	3		6				1	
				8	2			
8		4		9				

Puzzle 38

2	8			9		3		
							8	6
		7				1	4	
7	2		3					
	1			2	6			5
		5			9			
9				3				2
	3				4			
		8				4	3	

	1				3		6	
					7		1	3
6			1	9		2	5	
	5			3	2			
							8	
		9	7					
4				6			3	
1					5	4		
2			4		9			8

						6	4	
4			7	1				3
	3	1	5			2		9
					1	3		
			6	7				
		7				5	2	6
3								
	5		9			4		
8				5		7		

						8		
		4	7				1	
3		1						2
	2							
4	5	6			3			
		7	6		5		4	
2		5				7		9
9							3	6
					7			

	3	2			5		9	
			2	6		5		
			3			1		8
				7	8			
			6		2			1
7			9		3		6	5
		5						
2	7		1		6			
9								6

43

		5						
	8	6	7					
	9				2			1
	3				1			5
7			9					
					3	4	2	7
		4			8	1		
					6			
6				4		5		2

44

6				1			5	
						9		3
7					4		8	
					8			1
		5				7		
	2		4				9	
		6				4		
8	7			5			6	2
9		2	6					

Puzzle 45

	8				9	6	2	
		3			6	8		
2				4		1	5	3
9	3			8		5		
		8					3	
6		5				9		
	4	7		6	8	3		
	9							1
			1					

Puzzle 46

6		5	1		2			
	8	7					9	
1								4
9		4	6					5
				2				8
			3				4	
					7	9	8	
	2		9	6			1	
	6							

6	8				4			
	2					5		
9		5	1			3		
			7		9		1	
	6	7	8					3
				2			4	
8	1							
				3		4		
4			9			2	7	

	5	7	1					
				9				
6		9					5	3
						9	2	
8								
2			4	5			8	
		6		3		1		
		3		2	6	4		
		8	7		1			

Puzzle 49

		4						
					6	1	4	
					2		6	7
				3				2
		6	2	5			9	
					9			1
	3							
5			1		4	7	2	
	8	2	3				1	

Puzzle 50

		7			1		8	9
	1				2	5		7
9	4						2	
2		1	7			8		
	6							
8		5	6			1		
					8			3
	9							
				5			4	

Answers - Beginner Puzzles

1

3	1	4	2	7	5	8	9	6
5	6	7	8	1	9	3	4	2
8	2	9	6	4	3	1	7	5
2	9	1	4	5	8	6	3	7
7	5	3	9	2	6	4	1	8
6	4	8	7	3	1	2	5	9
9	7	6	3	8	4	5	2	1
1	3	2	5	6	7	9	8	4
4	8	5	1	9	2	7	6	3

2

8	4	7	5	6	2	9	3	1
3	2	1	4	7	9	8	6	5
5	9	6	3	8	1	4	2	7
1	8	9	6	2	7	5	4	3
7	6	5	8	4	3	2	1	9
4	3	2	9	1	5	7	8	6
9	1	4	7	3	8	6	5	2
6	5	3	2	9	4	1	7	8
2	7	8	1	5	6	3	9	4

3

6	8	2	5	3	9	7	4	1
9	5	4	1	7	8	3	2	6
3	1	7	6	4	2	5	9	8
1	3	6	8	2	4	9	7	5
2	4	5	9	1	7	6	8	3
7	9	8	3	5	6	2	1	4
5	2	1	4	9	3	8	6	7
4	6	9	7	8	5	1	3	2
8	7	3	2	6	1	4	5	9

4

2	4	6	1	7	8	9	5	3
1	7	3	9	6	5	8	2	4
9	8	5	4	3	2	6	1	7
6	2	9	5	4	7	3	8	1
8	5	1	3	9	6	7	4	2
4	3	7	8	2	1	5	6	9
5	1	4	7	8	3	2	9	6
3	9	2	6	5	4	1	7	8
7	6	8	2	1	9	4	3	5

5

2	7	4	9	5	6	8	3	1
1	8	5	4	3	7	2	6	9
6	3	9	8	2	1	4	7	5
7	2	3	5	9	8	1	4	6
5	9	6	1	4	2	7	8	3
4	1	8	7	6	3	9	5	2
9	6	7	2	8	5	3	1	4
3	4	1	6	7	9	5	2	8
8	5	2	3	1	4	6	9	7

6

7	5	1	4	8	6	9	2	3
3	6	8	9	2	7	4	5	1
2	4	9	1	3	5	7	6	8
1	9	6	8	5	4	2	3	7
4	2	5	6	7	3	8	1	9
8	7	3	2	1	9	6	4	5
5	8	4	3	9	2	1	7	6
6	1	7	5	4	8	3	9	2
9	3	2	7	6	1	5	8	4

7

5	4	1	3	8	6	7	9	2
6	3	8	7	9	2	4	1	5
2	9	7	5	4	1	6	8	3
9	2	5	6	7	8	1	3	4
1	6	4	2	3	5	8	7	9
7	8	3	9	1	4	2	5	6
3	1	6	8	2	9	5	4	7
8	5	9	4	6	7	3	2	1
4	7	2	1	5	3	9	6	8

8

3	2	4	8	9	1	7	6	5
1	9	6	4	7	5	3	8	2
7	5	8	6	3	2	1	9	4
5	6	2	7	4	9	8	3	1
8	3	1	2	5	6	4	7	9
9	4	7	1	8	3	5	2	6
4	7	9	5	6	8	2	1	3
2	8	3	9	1	4	6	5	7
6	1	5	3	2	7	9	4	8

9

2	1	6	4	3	9	7	8	5
8	3	5	6	7	1	9	4	2
9	4	7	2	5	8	1	6	3
4	9	3	1	2	5	6	7	8
5	6	8	3	9	7	4	2	1
7	2	1	8	4	6	3	5	9
1	8	4	9	6	2	5	3	7
6	7	9	5	8	3	2	1	4
3	5	2	7	1	4	8	9	6

10

7	2	8	4	3	1	6	9	5
1	3	6	9	5	7	4	2	8
5	9	4	6	2	8	7	3	1
9	4	7	3	6	5	8	1	2
8	1	3	7	9	2	5	6	4
2	6	5	1	8	4	9	7	3
3	5	1	8	7	6	2	4	9
4	7	2	5	1	9	3	8	6
6	8	9	2	4	3	1	5	7

11

1	2	6	5	8	9	4	3	7
3	8	4	7	1	2	9	5	6
5	9	7	3	6	4	1	2	8
2	7	3	6	4	5	8	9	1
9	1	8	2	3	7	5	6	4
6	4	5	8	9	1	3	7	2
7	3	9	4	2	8	6	1	5
8	5	1	9	7	6	2	4	3
4	6	2	1	5	3	7	8	9

12

1	6	9	2	4	7	8	3	5
7	5	8	1	6	3	9	2	4
2	3	4	8	5	9	1	7	6
4	2	1	6	3	5	7	9	8
6	9	5	7	1	8	2	4	3
3	8	7	4	9	2	5	6	1
8	1	3	9	7	4	6	5	2
5	7	2	3	8	6	4	1	9
9	4	6	5	2	1	3	8	7

Answers - Beginner Puzzles

13

4	3	8	5	9	2	1	6	7
7	9	5	1	6	8	3	2	4
1	6	2	7	4	3	9	8	5
3	5	4	8	1	6	7	9	2
2	8	9	4	3	7	6	5	1
6	7	1	9	2	5	8	4	3
5	1	3	2	8	9	4	7	6
9	2	6	3	7	4	5	1	8
8	4	7	6	5	1	2	3	9

14

7	6	5	8	4	2	9	3	1
4	2	1	3	7	9	6	8	5
9	3	8	1	6	5	2	7	4
3	7	6	4	9	8	5	1	2
2	8	9	5	3	1	7	4	6
1	5	4	7	2	6	8	9	3
6	1	2	9	8	4	3	5	7
8	4	3	2	5	7	1	6	9
5	9	7	6	1	3	4	2	8

15

5	1	3	2	4	8	7	6	9
8	9	7	5	6	1	3	4	2
2	6	4	3	7	9	8	5	1
9	7	8	4	5	2	6	1	3
4	5	6	9	1	3	2	7	8
3	2	1	6	8	7	5	9	4
7	8	5	1	3	4	9	2	6
1	3	2	7	9	6	4	8	5
6	4	9	8	2	5	1	3	7

16

6	7	8	1	4	2	9	5	3
4	2	5	3	9	7	6	1	8
9	1	3	8	6	5	4	7	2
2	4	6	7	3	9	5	8	1
3	9	1	2	5	8	7	4	6
8	5	7	6	1	4	3	2	9
1	6	2	4	7	3	8	9	5
5	3	4	9	8	1	2	6	7
7	8	9	5	2	6	1	3	4

17

8	6	7	9	2	5	3	1	4
5	9	2	3	1	4	7	8	6
1	4	3	8	6	7	5	9	2
2	5	9	7	8	6	1	4	3
4	1	6	5	9	3	8	2	7
3	7	8	1	4	2	6	5	9
7	8	5	2	3	9	4	6	1
6	2	1	4	7	8	9	3	5
9	3	4	6	5	1	2	7	8

18

1	2	3	9	6	4	8	5	7
4	9	5	8	7	1	2	3	6
7	8	6	2	5	3	4	9	1
8	3	7	4	1	6	9	2	5
9	6	4	5	2	8	7	1	3
2	5	1	7	3	9	6	8	4
3	7	2	6	8	5	1	4	9
6	1	9	3	4	2	5	7	8
5	4	8	1	9	7	3	6	2

Answers - Beginner Puzzles

19

1	8	5	7	6	3	9	4	2
9	2	7	8	4	5	6	1	3
6	4	3	1	2	9	7	8	5
2	5	6	4	9	7	1	3	8
7	1	9	3	5	8	4	2	6
4	3	8	2	1	6	5	7	9
5	7	2	9	3	4	8	6	1
3	9	4	6	8	1	2	5	7
8	6	1	5	7	2	3	9	4

20

9	6	8	4	5	2	3	1	7
1	3	5	6	9	7	8	2	4
7	4	2	3	8	1	5	6	9
4	9	3	1	7	6	2	5	8
6	2	1	5	4	8	9	7	3
8	5	7	9	2	3	1	4	6
5	7	6	8	1	9	4	3	2
2	1	9	7	3	4	6	8	5
3	8	4	2	6	5	7	9	1

21

2	1	4	8	6	7	5	3	9
5	3	9	4	1	2	8	7	6
6	8	7	9	5	3	2	4	1
1	5	3	6	8	4	7	9	2
9	4	8	7	2	1	6	5	3
7	2	6	5	3	9	1	8	4
3	7	1	2	4	5	9	6	8
4	6	5	1	9	8	3	2	7
8	9	2	3	7	6	4	1	5

22

8	3	7	5	6	4	2	1	9
5	2	1	8	9	3	4	6	7
4	6	9	1	7	2	8	5	3
2	1	8	4	3	9	5	7	6
7	9	6	2	5	8	3	4	1
3	4	5	7	1	6	9	8	2
9	7	4	3	8	1	6	2	5
1	8	3	6	2	5	7	9	4
6	5	2	9	4	7	1	3	8

23

6	1	4	5	8	2	3	9	7
2	3	8	6	9	7	5	4	1
5	7	9	3	4	1	8	2	6
9	5	2	1	3	6	7	8	4
8	4	1	9	7	5	6	3	2
3	6	7	4	2	8	1	5	9
7	9	5	8	1	4	2	6	3
4	2	6	7	5	3	9	1	8
1	8	3	2	6	9	4	7	5

24

8	4	1	7	6	9	3	2	5
9	6	3	4	2	5	8	7	1
2	7	5	8	3	1	9	6	4
7	9	4	1	8	2	5	3	6
1	8	2	3	5	6	7	4	9
5	3	6	9	7	4	1	8	2
6	1	8	2	9	7	4	5	3
3	5	9	6	4	8	2	1	7
4	2	7	5	1	3	6	9	8

Answers - Beginner Puzzles

25

6	8	4	1	2	3	7	5	9
9	5	3	8	7	6	2	4	1
1	7	2	4	5	9	3	8	6
2	1	7	5	4	8	9	6	3
5	3	9	7	6	1	8	2	4
8	4	6	9	3	2	1	7	5
7	6	1	3	8	4	5	9	2
3	2	5	6	9	7	4	1	8
4	9	8	2	1	5	6	3	7

26

7	6	5	8	3	9	2	1	4
4	2	9	1	5	7	6	3	8
8	1	3	4	6	2	7	9	5
2	3	4	5	8	6	1	7	9
9	7	1	3	2	4	8	5	6
5	8	6	7	9	1	4	2	3
1	9	8	2	4	5	3	6	7
6	4	2	9	7	3	5	8	1
3	5	7	6	1	8	9	4	2

27

4	6	3	1	8	9	5	2	7
5	2	9	6	7	4	1	3	8
1	7	8	2	3	5	6	9	4
6	4	7	9	2	1	3	8	5
9	1	5	8	6	3	7	4	2
8	3	2	5	4	7	9	6	1
7	8	4	3	1	6	2	5	9
2	5	6	7	9	8	4	1	3
3	9	1	4	5	2	8	7	6

28

8	5	7	4	6	1	3	9	2
4	1	3	9	5	2	6	8	7
2	6	9	3	7	8	1	5	4
1	7	4	2	9	6	8	3	5
5	9	2	1	8	3	7	4	6
6	3	8	5	4	7	9	2	1
3	4	5	7	1	9	2	6	8
9	8	1	6	2	5	4	7	3
7	2	6	8	3	4	5	1	9

29

2	3	1	7	8	9	4	6	5
6	9	8	4	1	5	3	7	2
5	7	4	6	2	3	1	9	8
4	2	3	1	5	7	6	8	9
9	8	7	3	6	2	5	4	1
1	5	6	8	9	4	7	2	3
7	1	9	2	3	6	8	5	4
3	4	2	5	7	8	9	1	6
8	6	5	9	4	1	2	3	7

30

2	3	6	1	9	8	7	5	4
4	5	1	6	3	7	9	2	8
9	8	7	2	4	5	3	1	6
7	2	3	4	5	1	6	8	9
8	9	4	7	6	2	5	3	1
1	6	5	3	8	9	4	7	2
5	1	2	9	7	6	8	4	3
6	4	8	5	2	3	1	9	7
3	7	9	8	1	4	2	6	5

Answers - Beginner Puzzles

31

8	5	6	9	3	4	1	7	2
2	1	4	7	8	6	5	9	3
7	9	3	2	5	1	4	8	6
3	2	7	8	9	5	6	4	1
6	8	9	1	4	2	7	3	5
1	4	5	3	6	7	9	2	8
5	7	8	6	2	9	3	1	4
9	6	2	4	1	3	8	5	7
4	3	1	5	7	8	2	6	9

32

7	3	9	4	5	1	6	8	2
4	5	8	2	7	6	3	1	9
1	2	6	9	8	3	5	4	7
5	4	2	3	9	7	1	6	8
9	6	1	5	2	8	4	7	3
3	8	7	1	6	4	9	2	5
8	7	3	6	4	9	2	5	1
6	1	5	7	3	2	8	9	4
2	9	4	8	1	5	7	3	6

33

7	4	3	9	6	2	5	1	8
5	2	6	8	4	1	7	3	9
9	8	1	3	5	7	4	2	6
6	9	2	7	8	5	1	4	3
8	3	5	4	1	9	2	6	7
4	1	7	6	2	3	8	9	5
2	7	8	1	9	6	3	5	4
1	6	4	5	3	8	9	7	2
3	5	9	2	7	4	6	8	1

34

6	1	8	9	2	3	7	4	5
5	3	2	7	4	1	8	6	9
4	7	9	6	8	5	1	3	2
8	5	7	4	9	6	2	1	3
2	9	4	1	3	8	5	7	6
3	6	1	2	5	7	4	9	8
1	8	5	3	7	9	6	2	4
9	2	6	8	1	4	3	5	7
7	4	3	5	6	2	9	8	1

35

8	2	6	4	1	7	3	9	5
5	1	4	9	3	8	6	2	7
3	7	9	2	5	6	8	4	1
7	6	8	5	9	1	2	3	4
9	4	3	6	7	2	5	1	8
1	5	2	8	4	3	7	6	9
4	3	1	7	6	5	9	8	2
6	8	5	1	2	9	4	7	3
2	9	7	3	8	4	1	5	6

36

5	8	3	4	9	6	7	2	1
2	9	7	3	8	1	6	4	5
6	4	1	7	5	2	3	9	8
7	2	9	8	3	4	1	5	6
8	1	5	2	6	7	4	3	9
4	3	6	5	1	9	2	8	7
3	6	2	9	7	8	5	1	4
9	7	4	1	2	5	8	6	3
1	5	8	6	4	3	9	7	2

Answers - Beginner Puzzles

37

4	6	5	9	7	8	2	1	3
3	9	2	6	5	1	7	8	4
1	7	8	3	2	4	9	6	5
6	5	9	2	8	3	4	7	1
2	3	1	7	4	9	6	5	8
8	4	7	5	1	6	3	9	2
7	1	3	8	9	2	5	4	6
9	8	6	4	3	5	1	2	7
5	2	4	1	6	7	8	3	9

38

4	7	2	3	1	6	9	5	8
9	6	1	4	5	8	2	3	7
3	5	8	9	2	7	4	6	1
1	8	5	7	6	2	3	9	4
7	4	6	5	3	9	8	1	2
2	3	9	8	4	1	6	7	5
5	9	7	6	8	4	1	2	3
6	1	4	2	7	3	5	8	9
8	2	3	1	9	5	7	4	6

39

8	3	7	6	9	1	2	5	4
4	5	1	2	8	3	6	9	7
9	2	6	5	7	4	8	1	3
7	6	4	9	2	5	1	3	8
5	1	3	4	6	8	7	2	9
2	9	8	1	3	7	4	6	5
6	8	5	3	4	2	9	7	1
1	4	2	7	5	9	3	8	6
3	7	9	8	1	6	5	4	2

40

8	5	2	9	6	7	3	1	4
9	4	1	3	2	8	5	7	6
3	7	6	5	1	4	2	9	8
1	6	5	7	4	9	8	2	3
4	2	9	8	3	1	6	5	7
7	8	3	2	5	6	1	4	9
2	3	7	6	9	5	4	8	1
5	1	8	4	7	3	9	6	2
6	9	4	1	8	2	7	3	5

41

3	1	8	7	6	9	5	2	4
2	7	9	4	3	5	1	8	6
5	6	4	1	2	8	9	7	3
8	4	3	2	9	1	6	5	7
7	9	6	5	8	4	2	3	1
1	2	5	6	7	3	4	9	8
9	8	1	3	5	6	7	4	2
6	3	7	9	4	2	8	1	5
4	5	2	8	1	7	3	6	9

42

8	2	6	7	9	3	4	5	1
5	4	7	6	2	1	3	8	9
3	1	9	5	8	4	2	6	7
7	5	1	4	6	2	8	9	3
9	3	2	8	1	7	5	4	6
4	6	8	9	3	5	1	7	2
6	9	3	1	4	8	7	2	5
1	8	5	2	7	6	9	3	4
2	7	4	3	5	9	6	1	8

Answers - Beginner Puzzles

43

8	6	3	2	9	4	7	1	5
7	5	4	1	6	8	2	3	9
2	9	1	3	5	7	8	4	6
6	7	5	4	2	1	9	8	3
1	4	8	7	3	9	5	6	2
3	2	9	5	8	6	1	7	4
5	1	2	6	7	3	4	9	8
9	3	7	8	4	2	6	5	1
4	8	6	9	1	5	3	2	7

44

4	7	6	2	1	3	8	5	9
9	2	5	6	8	7	1	3	4
8	1	3	9	5	4	6	7	2
6	3	7	1	2	8	9	4	5
1	8	4	7	9	5	3	2	6
2	5	9	3	4	6	7	8	1
3	9	8	5	6	2	4	1	7
7	6	2	4	3	1	5	9	8
5	4	1	8	7	9	2	6	3

45

9	5	3	8	1	7	4	2	6
4	7	1	9	2	6	8	3	5
6	2	8	5	3	4	1	7	9
7	3	5	2	6	8	9	4	1
2	4	9	1	7	5	6	8	3
1	8	6	4	9	3	7	5	2
3	1	4	6	8	2	5	9	7
5	9	2	7	4	1	3	6	8
8	6	7	3	5	9	2	1	4

46

6	7	3	8	2	9	5	4	1
2	8	5	4	1	3	7	6	9
9	4	1	5	7	6	3	8	2
3	9	7	6	4	8	1	2	5
1	2	8	9	5	7	6	3	4
5	6	4	1	3	2	9	7	8
4	5	6	7	8	1	2	9	3
8	3	9	2	6	5	4	1	7
7	1	2	3	9	4	8	5	6

47

3	1	8	7	4	2	6	9	5
7	5	4	6	8	9	3	2	1
2	6	9	3	1	5	8	4	7
8	4	6	9	5	7	2	1	3
5	3	2	8	6	1	9	7	4
1	9	7	2	3	4	5	6	8
9	2	5	1	7	3	4	8	6
4	8	1	5	9	6	7	3	2
6	7	3	4	2	8	1	5	9

48

9	7	5	3	6	2	8	1	4
4	6	1	9	8	7	2	5	3
8	3	2	5	1	4	9	7	6
5	8	9	1	4	6	3	2	7
6	1	7	2	3	8	5	4	9
3	2	4	7	9	5	1	6	8
1	5	8	4	7	9	6	3	2
7	9	3	6	2	1	4	8	5
2	4	6	8	5	3	7	9	1

Answers - Beginner Puzzles

49

2	3	5	1	8	4	7	9	6
7	6	4	3	9	5	2	8	1
1	8	9	7	2	6	3	5	4
8	1	7	5	4	3	6	2	9
9	4	3	6	1	2	5	7	8
5	2	6	9	7	8	4	1	3
6	5	2	8	3	1	9	4	7
3	7	8	4	5	9	1	6	2
4	9	1	2	6	7	8	3	5

50

6	8	5	1	2	9	4	3	7
9	2	3	7	5	4	6	8	1
7	4	1	8	6	3	9	2	5
4	3	2	5	9	7	1	6	8
5	1	9	6	3	8	2	7	4
8	7	6	4	1	2	5	9	3
1	5	7	2	8	6	3	4	9
3	6	8	9	4	5	7	1	2
2	9	4	3	7	1	8	5	6

Answers - Novice Puzzles

1

7	9	2	8	5	4	1	6	3
3	4	5	2	1	6	8	9	7
1	8	6	9	3	7	2	5	4
9	7	1	6	4	3	5	8	2
2	3	8	5	9	1	7	4	6
6	5	4	7	2	8	9	3	1
8	1	9	3	6	2	4	7	5
5	2	3	4	7	9	6	1	8
4	6	7	1	8	5	3	2	9

2

2	3	7	5	4	6	1	8	9
5	6	4	9	8	1	2	3	7
8	9	1	7	2	3	4	6	5
1	7	3	4	6	9	8	5	2
4	5	6	2	7	8	3	9	1
9	8	2	3	1	5	7	4	6
6	2	8	1	9	4	5	7	3
7	4	5	6	3	2	9	1	8
3	1	9	8	5	7	6	2	4

3

4	2	7	8	1	6	5	3	9
3	9	5	2	7	4	1	8	6
1	8	6	9	3	5	7	2	4
7	3	2	4	6	1	9	5	8
6	4	9	7	5	8	3	1	2
8	5	1	3	9	2	6	4	7
2	6	3	5	8	7	4	9	1
9	7	4	1	2	3	8	6	5
5	1	8	6	4	9	2	7	3

4

9	4	8	2	5	3	7	6	1
3	5	6	9	1	7	8	4	2
7	2	1	8	6	4	5	9	3
1	8	4	6	3	5	2	7	9
5	9	3	7	4	2	6	1	8
2	6	7	1	9	8	3	5	4
6	7	2	4	8	1	9	3	5
4	3	2	5	2	6	1	8	7
8	1	5	3	7	9	4	2	6

5

8	3	5	9	1	2	7	6	4
1	2	9	7	4	6	3	8	5
4	7	6	5	8	3	9	2	1
7	1	3	2	5	8	6	4	9
9	5	8	6	7	4	1	3	2
2	6	4	3	9	1	5	7	8
5	8	7	4	3	9	2	1	6
6	9	1	8	2	7	4	5	3
3	4	2	1	6	5	8	9	7

6

3	8	9	1	2	7	5	4	6
6	2	5	9	4	3	7	8	1
1	4	7	8	5	6	2	9	3
7	6	8	2	9	5	3	1	4
5	9	1	3	7	4	6	2	8
2	3	4	6	1	8	9	7	5
8	5	2	4	6	9	1	3	7
9	7	3	5	8	1	4	6	2
4	1	6	7	3	2	8	5	9

Answers - Novice Puzzles

7

7	8	5	4	3	6	2	9	1
2	3	6	9	1	7	5	4	8
1	4	9	8	5	2	3	6	7
3	6	4	7	9	5	8	1	2
8	5	1	2	6	4	9	7	3
9	2	7	1	8	3	4	5	6
4	1	3	5	7	8	6	2	9
5	7	8	6	2	9	1	3	4
6	9	2	3	4	1	7	8	5

8

4	5	6	7	1	8	9	3	2
7	1	8	9	2	3	6	5	4
3	9	2	5	6	4	1	8	7
2	4	9	3	8	7	5	6	1
8	3	5	6	4	1	7	2	9
1	6	7	2	9	5	3	4	8
6	8	1	4	5	9	2	7	3
5	7	4	1	3	2	8	9	6
9	2	3	8	7	6	4	1	5

9

6	1	7	2	9	4	8	5	3
4	2	9	5	3	8	7	1	6
3	8	5	7	1	6	2	9	4
7	4	1	8	5	9	3	6	2
9	6	2	3	4	7	1	8	5
5	3	8	6	2	1	4	7	9
2	5	6	1	7	3	9	4	8
8	7	4	9	6	2	5	3	1
1	9	3	4	8	5	6	2	7

10

2	5	3	6	7	9	8	4	1
8	1	6	3	5	4	7	2	9
7	4	9	8	2	1	3	6	5
4	9	7	1	8	2	5	3	6
3	8	1	5	4	6	2	9	7
6	2	5	9	3	7	1	8	4
9	7	8	2	6	5	4	1	3
1	3	4	7	9	8	6	5	2
5	6	2	4	1	3	9	7	8

11

5	3	7	2	1	8	4	9	6
8	4	9	6	3	5	2	7	1
1	2	6	9	4	7	8	3	5
2	6	4	7	5	9	3	1	8
7	1	8	3	2	4	6	5	9
3	9	5	8	6	1	7	2	4
4	8	3	5	9	2	1	6	7
6	5	1	4	7	3	9	8	2
9	7	2	1	8	6	5	4	3

12

4	5	8	3	6	9	1	7	2
6	9	2	7	4	1	3	5	8
3	1	7	5	8	2	9	6	4
8	2	9	1	3	7	6	4	5
5	4	3	6	2	8	7	9	1
1	7	6	4	9	5	2	8	3
9	3	1	8	7	4	5	2	6
2	6	4	9	5	3	8	1	7
7	8	5	2	1	6	4	3	9

13

8	7	9	2	3	1	6	4	5
6	1	3	4	5	7	8	9	2
2	5	4	6	8	9	7	1	3
4	9	2	8	1	5	3	6	7
7	3	5	9	6	4	1	2	8
1	8	6	7	2	3	4	5	9
3	6	1	5	9	8	2	7	4
5	4	8	1	7	2	9	3	6
9	2	7	3	4	6	5	8	1

14

1	6	7	5	9	3	2	8	4
9	5	2	4	8	6	1	7	3
8	3	4	7	2	1	9	5	6
2	9	1	8	3	7	4	6	5
6	4	8	2	1	5	7	3	9
3	7	5	6	4	9	8	1	2
4	2	3	1	5	8	6	9	7
5	1	6	9	7	4	3	2	8
7	8	9	3	6	2	5	4	1

15

4	9	2	1	3	5	8	7	6
3	5	1	7	8	6	4	9	2
7	6	8	2	4	9	1	5	3
5	1	6	3	7	4	2	8	9
2	7	4	5	9	8	6	3	1
9	8	3	6	1	2	7	4	5
6	2	9	8	5	7	3	1	4
1	4	7	9	6	3	5	2	8
8	3	5	4	2	1	9	6	7

16

5	9	6	1	7	4	2	3	8
7	2	3	5	8	9	4	6	1
1	8	4	6	2	3	5	7	9
8	6	1	2	4	5	3	9	7
2	3	7	8	9	6	1	4	5
4	5	9	3	1	7	8	2	6
3	7	2	9	5	1	6	8	4
6	4	5	7	3	8	9	1	2
9	1	8	4	6	2	7	5	3

17

8	7	3	5	2	9	4	6	1
2	9	5	1	4	6	7	8	3
1	4	6	3	7	8	5	9	2
5	6	4	7	8	3	2	1	9
3	1	7	9	5	2	8	4	6
9	8	2	6	1	4	3	5	7
6	5	8	2	3	1	9	7	4
7	2	1	4	9	5	6	3	8
4	3	9	8	6	7	1	2	5

18

7	8	2	6	9	1	4	3	5
3	1	5	2	4	7	9	8	6
4	6	9	5	3	8	7	2	1
6	7	8	3	2	9	1	5	4
9	5	1	7	8	4	3	6	2
2	3	4	1	6	5	8	9	7
1	9	3	4	5	2	6	7	8
8	2	7	9	1	6	5	4	3
5	4	6	8	7	3	2	1	9

19

8	4	1	2	7	3	5	6	9
9	6	3	8	1	5	4	2	7
5	7	2	6	9	4	1	3	8
1	5	6	7	4	2	8	9	3
4	3	7	5	8	9	2	1	6
2	9	8	1	3	6	7	4	5
7	8	4	9	6	1	3	5	2
6	1	5	3	2	8	9	7	4
3	2	9	4	5	7	6	8	1

20

1	5	6	9	8	3	7	4	2
4	2	3	1	5	7	8	9	6
8	7	9	4	6	2	5	3	1
3	9	8	6	4	1	2	7	5
7	1	4	8	2	5	9	6	3
2	6	5	7	3	9	4	1	8
5	3	1	2	9	4	6	8	7
6	4	2	3	7	8	1	5	9
9	8	7	5	1	6	3	2	4

21

3	2	4	9	1	6	8	7	5
5	9	8	3	7	4	6	1	2
6	7	1	5	2	8	3	4	9
2	8	9	6	5	7	1	3	4
7	1	5	4	9	3	2	8	6
4	6	3	1	8	2	9	5	7
9	4	6	8	3	5	7	2	1
8	5	7	2	6	1	4	9	3
1	3	2	7	4	9	5	6	8

22

4	1	7	2	3	6	9	5	8
9	6	2	5	8	4	1	7	3
5	3	8	1	7	9	2	4	6
7	4	1	9	6	2	3	8	5
8	9	6	7	5	3	4	1	2
3	2	5	4	1	8	7	6	9
1	5	9	8	2	7	6	3	4
2	8	3	6	4	1	5	9	7
6	7	4	3	9	5	8	2	1

23

1	5	3	7	4	6	9	2	8
7	6	8	3	2	9	4	5	1
9	4	2	5	1	8	7	3	6
6	2	7	4	9	3	8	1	5
3	9	1	2	8	5	6	7	4
5	8	4	1	6	7	3	9	2
8	7	9	6	5	2	1	4	3
2	1	6	9	3	4	5	8	7
4	3	5	8	7	1	2	6	9

24

4	1	2	9	5	6	7	3	8
9	8	7	4	3	2	6	1	5
5	3	6	1	7	8	2	4	9
1	2	9	3	6	5	4	8	7
6	4	3	7	8	1	5	9	2
7	5	8	2	9	4	1	6	3
3	7	4	5	1	9	8	2	6
8	9	1	6	2	7	3	5	4
2	6	5	8	4	3	9	7	1

25

2	9	6	8	3	1	5	7	4
4	5	1	9	7	6	3	8	2
8	7	3	2	5	4	1	9	6
3	4	9	5	2	7	6	1	8
6	1	7	3	4	8	2	5	9
5	2	8	1	6	9	4	3	7
1	6	4	7	8	3	9	2	5
9	8	2	4	1	5	7	6	3
7	3	5	6	9	2	8	4	1

26

2	7	4	8	3	1	6	5	9
1	8	5	9	4	6	3	7	2
9	6	3	5	7	2	4	8	1
3	1	6	2	8	5	9	4	7
4	5	8	7	1	9	2	6	3
7	9	2	3	6	4	5	1	8
6	2	1	4	9	8	7	3	5
8	3	9	6	5	7	1	2	4
5	4	7	1	2	3	8	9	6

27

7	9	8	1	4	5	6	3	2
4	3	6	8	9	2	5	7	1
1	5	2	7	3	6	4	8	9
9	6	1	3	5	8	2	4	7
8	2	3	6	7	4	9	1	5
5	4	7	2	1	9	3	6	8
6	1	5	4	2	7	8	9	3
2	7	4	9	8	3	1	5	6
3	8	9	5	6	1	7	2	4

28

3	6	2	8	1	5	7	4	9
9	7	8	6	3	4	5	1	2
1	4	5	7	2	9	8	6	3
6	5	4	9	8	2	1	3	7
7	8	9	3	4	1	6	2	5
2	3	1	5	7	6	4	9	8
8	1	6	2	5	3	9	7	4
4	2	7	1	9	8	3	5	6
5	9	3	4	6	7	2	8	1

29

9	8	5	7	6	2	3	4	1
1	2	3	4	5	8	9	6	7
6	7	4	3	1	9	8	5	2
7	5	1	9	2	3	6	8	4
4	9	6	1	8	5	2	7	3
2	3	8	6	4	7	1	9	5
8	6	2	5	3	4	7	1	9
3	4	9	8	7	1	5	2	6
5	1	7	2	9	6	4	3	8

30

1	7	8	9	4	3	2	5	6
4	9	5	7	6	2	8	3	1
3	6	2	8	1	5	7	9	4
7	5	6	1	9	4	3	2	8
2	8	4	5	3	7	6	1	9
9	3	1	6	2	8	5	4	7
8	1	9	3	5	6	4	7	2
6	2	3	4	7	1	9	8	5
5	4	7	2	8	9	1	6	3

31

6	8	7	4	3	5	1	2	9
3	5	2	9	7	1	4	6	8
4	1	9	8	2	6	3	7	5
2	4	5	7	1	3	9	8	6
1	3	8	6	9	2	7	5	4
7	9	6	5	4	8	2	1	3
9	6	4	1	5	7	8	3	2
8	7	3	2	6	4	5	9	1
5	2	1	3	8	9	6	4	7

32

5	3	6	2	7	4	9	8	1
9	8	1	6	5	3	4	2	7
7	2	4	1	8	9	5	6	3
3	4	9	8	2	5	1	7	6
2	1	7	9	4	6	3	5	8
6	5	8	3	1	7	2	9	4
8	7	3	4	9	2	6	1	5
1	6	2	5	3	8	7	4	9
4	9	5	7	6	1	8	3	2

33

5	7	4	8	3	1	2	6	9
8	6	2	4	7	9	5	3	1
1	9	3	2	5	6	7	8	4
4	3	5	9	6	2	1	7	8
6	1	7	3	4	8	9	5	2
2	8	9	5	1	7	6	4	3
7	4	8	1	9	5	3	2	6
3	5	1	6	2	4	8	9	7
9	2	6	7	8	3	4	1	5

34

5	9	6	7	2	8	1	3	4
8	7	1	4	3	6	2	9	5
2	3	4	5	9	1	7	8	6
7	8	2	6	5	4	9	1	3
1	6	5	3	7	9	8	4	2
3	4	9	1	8	2	5	6	7
9	1	7	2	4	3	6	5	8
6	5	3	8	1	7	4	2	9
4	2	8	9	6	5	3	7	1

35

9	1	2	3	6	7	4	5	8
4	8	6	5	9	2	3	1	7
3	7	5	4	8	1	6	2	9
1	9	8	6	2	3	5	7	4
7	6	4	9	5	8	1	3	2
2	5	3	7	1	4	9	8	6
8	4	1	2	3	9	7	6	5
6	3	7	8	4	5	2	9	1
5	2	9	1	7	6	8	4	3

36

3	6	7	9	8	4	5	2	1
2	5	1	6	3	7	9	4	8
8	9	4	2	5	1	6	7	3
5	4	2	7	1	3	8	9	6
9	7	3	8	2	6	4	1	5
1	8	6	5	4	9	7	3	2
4	2	9	1	6	8	3	5	7
6	3	5	4	7	2	1	8	9
7	1	8	3	9	5	2	6	4

37

6	8	2	5	3	7	4	9	1
7	3	5	1	4	9	8	2	6
4	1	9	6	2	8	3	7	5
9	5	3	4	7	6	1	8	2
2	7	4	8	1	5	9	6	3
1	6	8	2	9	3	7	5	4
3	2	7	9	5	4	6	1	8
5	4	6	7	8	1	2	3	9
8	9	1	3	6	2	5	4	7

38

8	6	3	9	5	2	7	1	4
2	7	1	8	3	4	5	9	6
4	9	5	1	6	7	8	3	2
3	8	2	5	7	1	6	4	9
7	4	9	3	8	6	2	5	1
1	5	6	2	4	9	3	7	8
9	3	8	4	2	5	1	6	7
5	1	7	6	9	8	4	2	3
6	2	4	7	1	3	9	8	5

39

7	8	2	5	4	6	3	1	9
4	6	3	9	2	1	7	5	8
9	5	1	8	7	3	6	2	4
8	9	7	4	6	5	1	3	2
3	2	5	7	1	9	8	4	6
6	1	4	2	3	8	5	9	7
2	4	6	3	5	7	9	8	1
5	7	8	1	9	4	2	6	3
1	3	9	6	8	2	4	7	5

40

4	1	9	2	6	8	3	5	7
2	8	3	5	9	7	6	1	4
6	5	7	1	4	3	8	9	2
7	6	2	4	8	9	1	3	5
8	9	1	7	3	5	4	2	6
3	4	5	6	2	1	7	8	9
1	7	8	9	5	4	2	6	3
5	2	4	3	1	6	9	7	8
9	3	6	8	7	2	5	4	1

41

1	3	8	6	4	5	7	9	2
6	4	7	8	9	2	5	1	3
2	5	9	7	1	3	8	6	4
7	8	1	2	5	6	4	3	9
9	2	4	3	8	1	6	5	7
5	6	3	4	7	9	1	2	8
3	7	2	1	6	4	9	8	5
4	9	6	5	2	8	3	7	1
8	1	5	9	3	7	2	4	6

42

6	5	1	4	8	7	9	3	2
3	2	7	6	9	1	5	4	8
9	4	8	2	5	3	7	1	6
5	9	2	7	6	4	1	8	3
8	3	4	1	2	5	6	7	9
7	1	6	9	3	6	4	2	5
2	7	9	3	1	6	8	5	4
4	8	3	5	7	9	2	6	1
1	6	5	8	4	2	3	9	7

Answers - Novice Puzzles

43

9	7	3	4	5	2	8	1	6
1	4	6	9	8	7	3	5	2
2	5	8	3	6	1	4	9	7
3	1	7	5	2	6	9	4	8
6	8	2	1	9	4	5	7	3
5	9	4	7	3	8	2	6	1
7	6	5	8	4	3	1	2	9
8	2	9	6	1	5	7	3	4
4	3	1	2	7	9	6	8	5

44

4	8	7	1	2	5	3	9	6
5	9	6	4	8	3	2	1	7
3	2	1	6	7	9	8	4	5
8	3	5	9	4	6	7	2	1
7	6	4	2	1	8	5	3	9
9	1	2	3	5	7	4	6	8
1	7	9	8	3	4	6	5	2
2	5	3	7	6	1	9	8	4
6	4	8	5	9	2	1	7	3

45

5	8	4	3	9	1	2	6	7
9	3	2	6	7	8	4	1	5
7	1	6	5	4	2	3	8	9
6	5	9	1	3	4	8	7	2
2	4	1	7	8	9	5	3	6
3	7	8	2	6	5	1	9	4
4	6	3	8	5	7	9	2	1
1	9	7	4	2	3	6	5	8
8	2	5	9	1	6	7	4	3

46

6	3	1	5	9	4	7	8	2
5	7	8	1	6	2	9	4	3
2	9	4	3	8	7	5	6	1
9	4	2	8	5	3	1	7	6
7	8	6	2	1	9	3	5	4
1	5	3	7	4	6	8	2	9
4	1	5	9	2	8	6	3	7
8	2	7	6	3	1	4	9	5
3	6	9	4	7	5	2	1	8

47

4	8	3	9	6	1	5	7	2
7	6	9	4	5	2	8	3	1
5	1	2	7	3	8	4	9	6
6	7	5	3	4	9	2	1	8
1	9	4	8	2	7	6	5	3
3	2	8	5	1	6	9	4	7
8	4	7	2	9	3	1	6	5
2	5	6	1	7	4	3	8	9
9	3	1	6	8	5	7	2	4

48

5	7	9	2	1	8	3	6	4
4	3	1	7	6	9	5	2	8
6	8	2	5	3	4	9	1	7
3	5	7	9	4	2	6	8	1
1	2	8	6	5	3	7	4	9
9	4	6	8	7	1	2	3	5
7	1	4	3	9	6	8	5	2
8	6	5	4	2	7	1	9	3
2	9	3	1	8	5	4	7	6

Answers - Novice Puzzles

49

3	5	1	7	9	6	4	2	8
8	7	6	3	4	2	5	1	9
2	4	9	8	1	5	6	3	7
6	3	2	5	8	9	7	4	1
4	9	7	1	2	3	8	5	6
5	1	8	6	7	4	2	9	3
7	2	3	9	5	8	1	6	4
9	8	5	4	6	1	3	7	2
1	6	4	2	3	7	9	8	5

50

4	9	2	3	5	8	1	6	7
7	8	1	6	2	9	5	3	4
6	5	3	1	4	7	8	9	2
1	6	8	7	3	5	2	4	9
9	7	5	4	1	2	3	8	6
3	2	4	8	9	6	7	5	1
2	3	6	9	8	1	4	7	5
5	4	7	2	6	3	9	1	8
8	1	9	5	7	4	6	2	3

Answers - Moderate Puzzles

1

8	9	1	7	3	4	5	2	6
4	2	6	8	1	5	9	3	7
5	7	3	2	6	9	4	8	1
9	8	7	1	5	2	6	4	3
6	1	5	9	4	3	2	7	8
2	3	4	6	8	7	1	9	5
3	5	9	4	7	1	8	6	2
1	6	2	3	9	8	7	5	4
7	4	8	5	2	6	3	1	9

2

7	5	6	3	8	9	1	4	2
8	9	2	5	4	1	7	3	6
4	3	1	7	6	2	8	9	5
2	6	9	8	1	7	4	5	3
1	4	8	6	3	5	2	7	9
3	7	5	9	2	4	6	8	1
9	2	7	1	5	8	3	6	4
5	1	3	4	7	6	9	2	8
6	8	4	2	9	3	5	1	7

3

1	8	4	9	2	5	6	7	3
5	6	7	1	4	3	9	2	8
9	3	2	8	6	7	5	4	1
6	7	5	3	9	8	2	1	4
8	4	3	2	5	1	7	6	9
2	1	9	4	7	6	8	3	5
4	5	6	7	3	9	1	8	2
7	2	8	5	1	4	3	9	6
3	9	1	6	8	2	4	5	7

4

8	1	6	2	7	3	5	4	9
3	9	5	4	8	6	1	2	7
7	4	2	9	1	5	3	8	6
6	2	7	3	5	9	4	1	8
9	3	1	6	4	8	7	5	2
4	5	8	7	2	1	9	6	3
5	6	3	8	9	4	2	7	1
2	8	4	1	3	7	6	9	5
1	7	9	5	6	2	8	3	4

5

7	2	4	6	1	3	5	8	9
9	3	8	7	5	4	6	2	1
5	6	1	9	2	8	4	7	3
2	5	9	4	6	1	8	3	7
8	1	3	2	7	5	9	6	4
4	7	6	8	3	9	1	5	2
6	9	5	3	4	2	7	1	8
1	8	2	5	9	7	3	4	6
3	4	7	1	8	6	2	9	5

6

8	5	7	9	2	3	6	4	1
3	9	6	7	4	1	2	8	5
4	2	1	6	5	8	7	9	3
1	4	3	8	7	6	5	2	9
6	8	2	1	9	5	3	7	4
9	7	5	2	3	4	1	6	8
5	6	9	4	1	7	8	3	2
2	1	8	3	6	9	4	5	7
7	3	4	5	8	2	9	1	6

Answers - Moderate Puzzles

7

4	2	7	1	6	3	8	5	9
5	9	8	7	4	2	6	3	1
1	3	6	8	9	5	7	2	4
3	1	9	6	2	8	5	4	7
7	6	4	3	5	1	2	9	8
2	8	5	9	7	4	3	1	6
8	5	2	4	1	7	9	6	3
6	7	1	2	3	9	4	8	5
9	4	3	5	8	6	1	7	2

8

1	5	2	8	6	4	9	7	3
9	3	7	5	2	1	6	4	8
6	4	8	3	7	9	2	1	5
5	9	6	1	4	8	7	3	2
4	2	3	7	5	6	1	8	9
8	7	1	2	9	3	4	5	6
7	8	9	6	1	5	3	2	4
3	1	4	9	8	2	5	6	7
2	6	5	4	3	7	8	9	1

9

9	4	7	1	8	2	3	5	6
1	6	5	7	9	3	2	4	8
3	2	8	6	4	5	9	7	1
4	7	3	2	6	1	8	9	5
5	1	9	4	3	8	6	2	7
6	8	2	5	7	9	4	1	3
7	3	1	9	2	6	5	8	4
2	5	6	8	1	4	7	3	9
8	9	4	3	5	7	1	6	2

10

8	7	3	5	2	1	4	9	6
4	6	5	3	8	9	1	7	2
2	1	9	4	7	6	5	3	8
5	3	6	2	9	7	8	4	1
9	8	1	6	3	4	2	5	7
7	4	2	1	5	8	3	6	9
1	9	7	8	4	5	6	2	3
3	5	8	7	6	2	9	1	4
6	2	4	9	1	3	7	8	5

11

4	5	8	7	6	9	1	3	2
6	1	9	3	2	4	7	5	8
7	3	2	1	5	8	4	6	9
8	7	3	5	9	1	6	2	4
5	9	6	4	7	2	8	1	3
2	4	1	8	3	6	5	9	7
9	8	7	2	1	5	3	4	6
1	2	4	6	8	3	9	7	5
3	6	5	9	4	7	2	8	1

12

2	6	9	8	5	3	1	7	4
7	8	5	9	4	1	2	6	3
3	4	1	6	7	2	5	8	9
1	7	3	5	9	4	6	2	8
8	9	6	2	1	7	3	4	5
4	5	2	3	6	8	7	9	1
9	2	7	4	3	5	8	1	6
5	1	4	7	8	6	9	3	2
6	3	8	1	2	9	4	5	7

Answers - Moderate Puzzles

13

6	2	8	3	7	9	5	4	1
9	1	5	4	8	6	3	7	2
7	3	4	1	2	5	6	9	8
5	7	6	9	1	3	8	2	4
4	9	1	8	5	2	7	6	3
3	8	2	7	6	4	9	1	5
8	4	9	6	3	1	2	5	7
1	5	3	2	9	7	4	8	6
2	6	7	5	4	8	1	3	9

14

9	8	3	2	7	5	6	4	1
4	2	6	1	3	8	7	9	5
7	1	5	9	4	6	8	3	2
1	7	4	3	8	9	2	5	6
5	3	9	7	6	2	4	1	8
8	6	2	5	1	4	9	7	3
6	9	8	4	5	1	3	2	7
2	5	7	6	9	3	1	8	4
3	4	1	8	2	7	5	6	9

15

4	1	3	5	7	9	8	2	6
8	7	6	3	4	2	9	1	5
9	2	5	8	1	6	7	3	4
7	4	1	9	2	5	6	8	3
2	6	9	1	8	3	4	5	7
3	5	8	4	6	7	2	9	1
1	9	7	6	3	8	5	4	2
6	8	4	2	5	1	3	7	9
5	3	2	7	9	4	1	6	8

16

6	5	1	7	4	9	3	2	8
4	8	9	3	6	2	5	1	7
2	7	3	5	8	1	4	9	6
7	9	4	6	5	8	1	3	2
5	3	6	1	2	7	8	4	9
1	2	8	4	9	3	7	6	5
8	4	2	9	3	5	6	7	1
3	1	5	2	7	6	9	8	4
9	6	7	8	1	4	2	5	3

17

9	6	5	7	1	8	2	3	4
8	3	4	2	5	6	1	7	9
2	1	7	4	3	9	5	8	6
4	7	3	5	8	2	6	9	1
5	8	2	9	6	1	3	4	7
1	9	6	3	7	4	8	5	2
3	5	1	6	4	7	9	2	8
7	2	8	1	9	5	4	6	3
6	4	9	8	2	3	7	1	5

18

2	3	1	7	9	4	6	5	8
7	6	4	8	2	5	3	1	9
9	8	5	3	1	6	7	4	2
1	2	8	6	4	7	9	3	5
3	4	7	9	5	2	8	6	1
6	5	9	1	3	8	4	2	7
8	7	3	5	6	1	2	9	4
4	1	6	2	7	9	5	8	3
5	9	2	4	8	3	1	7	6

Answers - Moderate Puzzles

19

6	2	4	5	7	3	8	9	1
9	7	8	4	1	6	5	3	2
1	5	3	8	9	2	6	7	4
4	3	2	9	8	1	7	5	6
5	9	6	3	4	7	2	1	8
8	1	7	6	2	5	3	4	9
3	8	5	1	6	9	4	2	7
2	6	1	7	3	4	9	8	5
7	4	9	2	5	8	1	6	3

20

1	6	3	7	2	8	5	4	9
2	9	8	5	4	6	1	3	7
4	5	7	1	9	3	2	8	6
9	2	6	3	5	7	8	1	4
8	3	4	6	1	9	7	5	2
7	1	5	2	8	4	6	9	3
5	7	9	4	6	1	3	2	8
3	4	2	8	7	5	9	6	1
6	8	1	9	3	2	4	7	5

21

9	5	7	1	6	4	8	2	3
6	1	3	8	5	2	9	7	4
8	2	4	7	3	9	6	1	5
1	3	6	4	7	8	5	9	2
4	9	8	3	2	5	1	6	7
2	7	5	6	9	1	4	3	8
7	6	9	5	8	3	2	4	1
5	4	2	9	1	7	3	8	6
3	8	1	2	4	6	7	5	9

22

7	3	6	1	4	9	8	5	2
2	4	9	5	8	7	1	3	6
8	1	5	2	3	6	7	9	4
4	5	7	3	9	8	6	2	1
6	2	3	7	5	1	4	8	9
9	8	1	4	6	2	3	7	5
5	7	8	6	2	4	9	1	3
3	9	4	8	1	5	2	6	7
1	6	2	9	7	3	5	4	8

23

1	7	6	9	4	5	2	3	8
5	8	9	1	3	2	7	6	4
3	2	4	8	7	6	9	1	5
6	4	1	3	2	9	8	5	7
7	9	2	5	1	8	3	4	6
8	5	3	7	6	4	1	9	2
9	6	7	2	5	3	4	8	1
4	1	8	6	9	7	5	2	3
2	3	5	4	8	1	6	7	9

24

1	9	4	2	3	5	6	7	8
6	7	3	9	1	8	2	4	5
5	2	8	4	6	7	9	1	3
9	1	6	8	4	2	5	3	7
8	4	5	3	7	9	1	2	6
2	3	7	1	5	6	8	9	4
3	6	1	5	2	4	7	8	9
7	8	2	6	9	3	4	5	1
4	5	9	7	8	1	3	6	2

25

3	8	2	1	6	4	9	7	5
7	9	6	5	2	8	3	1	4
5	1	4	3	9	7	2	6	8
9	7	1	4	5	6	8	2	3
2	3	8	7	1	9	4	5	6
6	4	5	8	3	2	1	9	7
1	5	9	6	8	3	7	4	2
8	2	7	9	4	5	6	3	1
4	6	3	2	7	1	5	8	9

26

5	6	2	1	4	8	7	3	9
4	7	3	2	9	5	8	1	6
8	1	9	7	6	3	4	5	2
3	8	6	4	2	1	5	9	7
9	5	4	8	7	6	3	2	1
7	2	1	3	5	9	6	4	8
1	9	8	6	3	4	2	7	5
2	3	5	9	8	7	1	6	4
6	4	7	5	1	2	9	8	3

27

6	1	9	4	2	5	7	8	3
3	2	5	7	9	8	4	6	1
8	4	7	3	1	6	9	5	2
9	5	3	1	8	7	2	4	6
2	7	8	6	4	3	5	1	9
4	6	1	2	5	9	8	3	7
7	9	4	5	3	1	6	2	8
5	3	6	8	7	2	1	9	4
1	8	2	9	6	4	3	7	5

28

1	2	3	8	7	5	6	4	9
8	6	4	3	2	9	1	7	5
7	5	9	1	4	6	8	3	2
4	9	5	7	8	1	3	2	6
3	1	7	2	6	4	5	9	8
6	8	2	5	9	3	4	1	7
2	4	1	6	5	7	9	8	3
9	7	6	4	3	8	2	5	1
5	3	8	9	1	2	7	6	4

29

5	6	9	2	3	1	7	8	4
8	7	2	5	6	4	9	1	3
4	3	1	9	8	7	5	2	6
2	9	7	8	4	6	3	5	1
6	1	5	7	2	3	4	9	8
3	4	8	1	5	9	6	7	2
7	5	6	3	1	8	2	4	9
1	2	3	4	9	5	8	6	7
9	8	4	6	7	2	1	3	5

30

9	3	5	7	6	4	1	8	2
2	1	8	5	3	9	7	6	4
4	6	7	1	8	2	3	9	5
8	9	3	2	7	6	5	4	1
7	5	6	8	4	1	9	2	3
1	2	4	3	9	5	8	7	6
3	7	2	6	5	8	4	1	9
5	4	1	9	2	7	6	3	8
6	8	9	4	1	3	2	5	7

31

5	1	6	4	2	7	8	3	9
7	9	2	1	3	8	6	5	4
8	3	4	5	9	6	1	7	2
6	2	3	9	7	4	5	8	1
1	5	8	3	6	2	9	4	7
9	4	7	8	5	1	2	6	3
2	6	9	7	4	5	3	1	8
3	7	1	6	8	9	4	2	5
4	8	5	2	1	3	7	9	6

32

7	6	2	4	5	1	3	8	9
8	1	5	9	6	3	4	7	2
4	9	3	7	8	2	1	5	6
9	3	8	1	2	7	5	6	4
6	2	1	8	4	5	9	3	7
5	4	7	3	9	6	8	2	1
1	7	4	2	3	8	6	9	5
3	5	9	6	7	4	2	1	8
2	8	6	5	1	9	7	4	3

33

7	3	6	5	9	4	8	1	2
9	1	5	2	8	6	7	3	4
4	8	2	7	3	1	6	9	5
1	4	8	9	2	5	3	6	7
2	5	3	8	6	7	9	4	1
6	7	9	4	1	3	2	5	8
3	6	4	1	7	8	5	2	9
5	9	7	6	4	2	1	8	3
8	2	1	3	5	9	4	7	6

34

5	6	8	7	3	4	1	2	9
9	4	7	2	8	1	3	6	5
2	3	1	6	9	5	8	4	7
6	8	5	3	1	9	4	7	2
1	7	9	4	2	8	6	5	3
3	2	4	5	6	7	9	1	8
4	1	3	9	7	2	5	8	6
8	9	2	1	5	6	7	3	4
7	5	6	8	4	3	2	9	1

35

6	2	3	7	9	4	1	8	5
4	7	9	8	5	1	2	3	6
1	5	8	2	3	6	9	7	4
2	8	6	4	1	3	5	9	7
9	4	5	6	8	7	3	2	1
3	1	7	5	2	9	4	6	8
5	6	1	3	7	2	8	4	9
7	9	2	1	4	8	6	5	3
8	3	4	9	6	5	7	1	2

36

4	7	2	5	9	8	6	1	3
1	8	5	6	3	2	9	7	4
9	3	6	4	1	7	5	2	8
8	9	3	1	7	5	2	4	6
7	6	1	2	8	4	3	9	5
5	2	4	3	6	9	1	8	7
2	5	9	8	4	3	7	6	1
3	1	8	7	2	6	4	5	9
6	4	7	9	5	1	8	3	2

37

8	6	3	7	1	2	4	5	9
2	4	7	5	9	3	8	1	6
5	9	1	6	4	8	3	7	2
3	7	4	8	5	6	2	9	1
9	8	6	2	3	1	7	4	5
1	5	2	4	7	9	6	8	3
4	1	5	3	2	7	9	6	8
6	2	9	1	8	4	5	3	7
7	3	8	9	6	5	1	2	4

38

1	2	9	7	3	8	6	5	4
6	7	3	9	3	4	1	2	8
5	8	4	2	1	6	9	3	7
8	9	1	6	7	2	5	4	3
3	6	7	1	5	4	2	8	9
4	5	2	8	9	3	7	1	6
7	3	8	5	6	1	4	9	2
9	4	5	3	2	7	8	6	1
2	1	6	4	8	9	3	7	5

39

7	9	1	8	4	3	6	5	2
3	8	5	1	2	6	9	4	7
2	6	4	9	5	7	8	3	1
8	4	6	2	3	1	5	7	9
5	2	3	7	6	9	4	1	8
9	1	7	5	8	4	3	2	6
6	5	2	3	1	8	7	9	4
1	7	8	4	9	5	2	6	3
4	3	9	6	7	2	1	8	5

40

3	2	4	1	8	5	9	7	6
5	7	8	9	3	6	4	1	2
1	6	9	2	7	4	8	3	5
8	3	2	7	4	9	6	5	1
9	5	6	3	2	1	7	4	8
4	1	7	6	5	8	3	2	9
7	8	1	5	6	3	2	9	4
2	4	5	8	9	7	1	6	3
6	9	3	4	1	2	5	8	7

41

2	7	3	8	1	5	9	4	6
9	4	6	2	7	3	5	1	8
5	8	1	9	6	4	3	7	2
7	3	2	4	8	6	1	9	5
6	5	4	1	3	9	8	2	7
1	9	8	7	5	2	6	3	4
3	6	7	5	2	1	4	8	9
4	2	5	3	9	8	7	6	1
8	1	9	6	4	7	2	5	3

42

4	9	8	2	5	3	6	1	7
6	3	5	7	8	1	4	2	9
7	1	2	4	9	6	5	8	3
8	7	4	6	3	9	1	5	2
2	6	1	5	7	4	3	9	8
9	5	3	1	2	8	7	4	6
3	4	6	8	1	2	9	7	5
5	2	9	3	4	7	8	6	1
1	8	7	9	6	5	2	3	4

43

5	6	4	7	9	2	1	8	3
1	3	8	6	4	5	9	7	2
9	7	2	8	1	3	4	5	6
4	8	9	1	2	7	6	3	5
7	1	6	5	3	8	2	4	9
2	5	3	9	6	4	8	1	7
3	4	1	2	7	6	5	9	8
6	9	5	3	8	1	7	2	4
8	2	7	4	5	9	3	6	1

44

2	3	6	5	7	1	8	4	9
5	7	1	9	4	8	3	6	2
9	8	4	6	2	3	1	5	7
7	5	3	1	8	9	6	2	4
8	1	9	4	6	2	5	7	3
4	6	2	7	3	5	9	8	1
1	2	8	3	5	4	7	9	6
3	4	7	8	9	6	2	1	5
6	9	5	2	1	7	4	3	8

45

5	4	2	3	7	1	9	8	6
6	8	3	2	9	5	1	7	4
9	7	1	8	6	4	2	3	5
8	2	9	7	5	6	3	4	1
3	5	4	1	8	2	7	6	9
1	6	7	4	3	9	8	5	2
4	1	8	5	2	3	6	9	7
2	3	6	9	4	7	5	1	8
7	9	5	6	1	8	4	2	3

46

8	2	5	9	7	4	6	3	1
9	4	6	3	1	8	2	5	7
1	7	3	6	5	2	4	9	8
6	9	4	5	3	7	8	1	2
2	3	1	4	8	6	5	7	9
5	8	7	1	2	9	3	4	6
4	1	8	7	6	5	9	2	3
3	6	9	2	4	1	7	8	5
7	5	2	8	9	3	1	6	4

47

5	2	9	3	7	4	8	1	6
8	7	6	5	2	1	9	3	4
4	1	3	8	6	9	5	2	7
6	5	1	7	9	3	4	8	2
3	8	2	4	1	6	7	5	9
7	9	4	2	5	8	3	6	1
2	3	8	6	4	7	1	9	5
1	6	7	9	3	5	2	4	8
9	4	5	1	8	2	6	7	3

48

1	5	2	8	6	4	3	7	9
6	9	4	5	3	7	8	2	1
7	8	3	2	9	1	5	6	4
5	2	1	4	7	6	9	3	8
9	4	7	3	2	8	1	5	6
8	3	6	1	5	9	2	4	7
4	7	5	9	1	3	6	8	2
2	6	9	7	8	5	4	1	3
3	1	8	6	4	2	7	9	5

49

4	3	5	1	7	6	8	9	2
2	6	1	8	3	9	7	4	5
9	8	7	5	4	2	3	1	6
3	7	6	4	5	1	9	2	8
5	4	9	2	8	3	1	6	7
8	1	2	9	6	7	4	5	3
7	9	3	6	2	4	5	8	1
6	5	4	3	1	8	2	7	9
1	2	8	7	9	5	6	3	4

50

6	4	8	1	5	9	7	2	3
5	9	1	3	7	2	6	4	8
2	3	7	6	8	4	5	9	1
3	1	4	7	9	6	8	5	2
8	5	6	2	4	3	1	7	9
9	7	2	8	1	5	3	6	4
4	6	5	9	3	1	2	8	7
1	8	9	5	2	7	4	3	6
7	2	3	4	6	8	9	1	5

Answers - Advanced Puzzles

1

7	3	8	4	6	2	1	9	5
2	6	4	9	5	1	3	8	7
1	5	9	3	7	8	4	6	2
6	1	2	8	3	7	5	4	9
8	9	3	6	4	5	7	2	1
5	4	7	2	1	9	8	3	6
9	8	5	1	2	3	6	7	4
4	2	1	7	8	6	9	5	3
3	7	6	5	9	4	2	1	8

2

1	4	7	3	9	2	5	6	8
3	8	6	1	5	4	2	7	9
9	2	5	7	8	6	3	1	4
8	6	4	9	7	5	1	3	2
7	5	9	2	3	1	8	4	6
2	3	1	4	6	8	9	5	7
5	7	3	6	2	9	4	8	1
6	1	2	8	4	3	7	9	5
4	9	8	5	1	7	6	2	3

3

6	2	8	7	9	1	5	4	3
1	7	5	4	6	3	2	8	9
4	9	3	2	8	5	7	1	6
2	3	1	9	7	8	4	6	5
5	4	9	6	1	2	3	7	8
8	6	7	3	5	4	9	2	1
9	1	6	5	2	7	8	3	4
3	8	2	1	4	9	6	5	7
7	5	4	8	3	6	1	9	2

4

5	4	8	2	9	3	6	7	1
6	1	2	7	8	5	9	3	4
7	3	9	4	1	6	2	5	8
8	2	1	3	5	4	7	6	9
9	5	3	6	7	1	4	8	2
4	6	7	8	2	9	3	1	5
2	9	5	1	6	7	8	4	3
3	8	6	5	4	2	1	9	7
1	7	4	9	3	8	5	2	6

5

7	3	2	5	6	9	8	4	1
6	5	9	8	4	1	3	7	2
8	1	4	3	7	2	5	6	9
1	7	8	2	9	3	4	5	6
2	4	5	7	8	6	1	9	3
9	6	3	1	5	4	7	2	8
4	2	7	6	1	8	9	3	5
5	8	6	9	3	7	2	1	4
3	9	1	4	2	5	6	8	7

6

3	9	1	5	6	7	8	4	2
7	6	8	3	2	4	5	1	9
4	5	2	1	8	9	6	7	3
9	7	4	8	5	6	2	3	1
2	1	5	9	4	3	7	6	8
6	8	3	7	1	2	9	5	4
8	2	6	4	7	1	3	9	5
5	4	9	6	3	8	1	2	7
1	3	7	2	9	5	4	8	6

Answers - Advanced Puzzles

7

3	2	8	1	9	5	4	7	6
7	6	1	2	8	4	5	9	3
9	5	4	7	6	3	8	1	2
5	9	3	8	1	2	6	4	7
8	4	6	9	5	7	2	3	1
1	7	2	4	3	6	9	5	8
6	1	9	3	4	8	7	2	5
4	8	7	5	2	1	3	6	9
2	3	5	6	7	9	1	8	4

8

6	9	5	7	8	4	2	1	3
4	2	8	1	9	3	5	7	6
3	7	1	6	5	2	9	4	8
9	4	2	8	3	1	6	5	7
1	8	7	5	6	9	3	2	4
5	3	6	4	2	7	8	9	1
7	6	9	2	4	8	1	3	5
8	1	3	9	7	5	4	6	2
2	5	4	3	1	6	7	8	9

9

9	3	2	5	7	4	1	6	8
1	6	7	8	2	3	4	9	5
5	8	4	1	9	6	7	2	3
4	5	8	6	3	2	9	7	1
2	1	9	7	8	5	3	4	6
3	7	6	4	1	9	5	8	2
6	2	3	9	5	7	8	1	4
7	4	1	3	6	8	2	5	9
8	9	5	2	4	1	6	3	7

10

3	6	1	9	7	8	2	4	5
9	8	4	2	5	1	7	3	6
7	2	5	3	4	6	1	8	9
2	5	9	7	3	4	8	6	1
1	3	8	6	2	5	9	7	4
6	4	7	8	1	9	5	2	3
5	7	6	1	8	3	4	9	2
8	1	3	4	9	2	6	5	7
4	9	2	5	6	7	3	1	8

11

7	6	4	9	8	1	5	3	2
8	1	9	3	2	5	4	7	6
5	2	3	7	4	6	1	8	9
3	8	1	6	9	2	7	5	4
6	9	5	4	1	7	8	2	3
4	7	2	5	3	8	6	9	1
9	4	7	8	6	3	2	1	5
2	5	6	1	7	9	3	4	8
1	3	8	2	5	4	9	6	7

12

7	8	6	3	1	5	9	2	4
9	4	2	7	8	6	1	3	5
5	3	1	4	9	2	8	6	7
3	7	9	6	4	8	5	1	2
2	6	4	5	3	1	7	9	8
8	1	5	2	7	9	3	4	6
4	2	3	9	5	7	6	8	1
6	5	8	1	2	3	4	7	9
1	9	7	8	6	4	2	5	3

Answers - Advanced Puzzles

13

7	9	2	3	5	8	4	6	1
1	4	3	6	2	7	8	9	5
8	6	5	4	9	1	2	7	3
5	8	1	2	4	9	7	3	6
2	3	4	7	6	5	9	1	8
6	7	9	8	1	3	5	4	2
4	5	8	1	7	6	3	2	9
3	1	7	9	8	2	6	5	4
9	2	6	5	3	4	1	8	7

14

4	8	2	5	9	7	6	1	3
9	5	1	3	6	2	4	7	8
3	7	6	1	8	4	5	9	2
1	2	7	9	3	6	8	4	5
6	9	5	8	4	1	2	3	7
8	3	4	7	2	5	1	6	9
2	6	8	4	7	3	9	5	1
7	1	9	6	5	8	3	2	4
5	4	3	2	1	9	7	8	6

15

1	3	4	7	8	6	5	9	2
8	6	7	9	5	2	3	1	4
5	9	2	3	4	1	8	6	7
3	7	6	8	2	9	1	4	5
2	8	9	5	1	4	6	7	3
4	5	1	6	7	3	2	8	9
7	1	3	2	9	8	4	5	6
6	4	5	1	3	7	9	2	8
9	2	8	4	6	5	7	3	1

16

2	3	6	9	5	7	8	4	1
9	4	8	2	3	1	5	6	7
7	1	5	4	8	6	3	9	2
8	6	1	3	2	9	7	5	4
4	9	7	5	1	8	2	3	6
5	2	3	6	7	4	9	1	8
1	7	4	8	9	5	6	2	3
3	8	9	1	6	2	4	7	5
6	5	2	7	4	3	1	8	9

17

8	7	1	6	4	9	3	5	2
6	5	4	3	2	7	9	1	8
9	2	3	5	1	8	4	7	6
7	3	5	2	8	1	6	9	4
1	6	9	4	3	5	8	2	7
2	4	8	7	9	6	1	3	5
4	9	7	1	6	2	5	8	3
5	8	6	9	7	3	2	4	1
3	1	2	8	5	4	7	6	9

18

6	1	2	7	5	3	4	8	9
7	9	8	2	1	4	3	5	6
4	3	5	8	6	9	7	2	1
2	7	3	6	8	5	9	1	4
1	5	6	4	9	7	8	3	2
9	8	4	3	2	1	6	7	5
5	6	7	1	4	8	2	9	3
8	2	1	9	3	6	5	4	7
3	4	9	5	7	2	1	6	8

Answers - Advanced Puzzles

19

4	8	1	6	2	9	5	3	7
6	2	3	5	7	8	1	4	9
5	9	7	1	3	4	6	8	2
9	1	5	3	8	2	7	6	4
3	6	4	7	1	5	2	9	8
2	7	8	4	9	6	3	1	5
8	4	6	2	5	1	9	7	3
1	3	2	9	4	7	8	5	6
7	5	9	8	6	3	4	2	1

20

8	7	6	9	2	5	4	3	1
3	9	2	6	1	4	5	8	7
1	5	4	7	8	3	2	9	6
2	1	7	3	4	8	9	6	5
9	6	3	5	7	2	8	1	4
4	8	5	1	6	9	7	2	3
7	2	1	8	5	6	3	4	9
5	3	8	4	9	1	6	7	2
6	4	9	2	3	7	1	5	8

21

3	4	8	9	7	6	1	2	5
7	1	6	2	4	5	3	8	9
5	9	2	8	3	1	6	7	4
9	5	1	6	2	3	8	4	7
8	6	3	7	5	4	2	9	1
2	7	4	1	9	8	5	3	6
6	3	5	4	8	7	9	1	2
4	8	9	5	1	2	7	6	3
1	2	7	3	6	9	4	5	8

22

2	7	4	8	1	5	3	6	9
9	5	8	4	3	6	2	7	1
1	6	3	7	9	2	8	4	5
7	4	6	3	5	9	1	2	8
3	8	2	6	7	1	5	9	4
5	9	1	2	8	4	6	3	7
8	3	9	5	2	7	4	1	6
6	1	5	9	4	3	7	8	2
5	2	7	1	6	8	9	5	3

23

6	1	9	7	4	3	2	5	8
2	8	4	1	9	5	3	6	7
3	7	5	2	8	6	1	9	4
4	6	7	9	3	8	5	2	1
8	2	3	4	5	1	9	7	6
5	9	1	6	2	7	8	4	3
9	5	6	8	1	4	7	3	2
1	4	2	3	7	9	6	8	5
7	3	8	5	6	2	4	1	9

24

5	8	4	6	7	1	2	9	3
9	1	7	2	8	3	6	5	4
6	2	3	4	9	5	8	7	1
3	4	1	9	2	6	7	8	5
2	9	8	3	5	7	1	4	6
7	6	5	1	4	8	3	2	9
1	7	9	8	6	4	5	3	2
4	5	6	7	3	2	9	1	8
8	3	2	5	1	9	4	6	7

Answers - Advanced Puzzles

25

7	8	1	9	2	4	5	3	6
4	3	5	1	7	6	9	8	2
9	6	2	3	8	5	7	1	4
1	5	9	8	3	2	4	6	7
3	7	4	6	1	9	2	5	8
6	2	8	5	4	7	3	9	1
8	4	3	2	5	1	6	7	9
5	9	7	4	6	8	1	2	3
2	1	6	7	9	3	8	4	5

26

9	3	4	1	8	7	5	6	2
2	5	8	4	6	9	3	7	1
1	7	6	2	5	3	8	9	4
7	8	3	5	2	1	6	4	9
5	4	1	3	9	6	7	2	8
6	9	2	8	7	4	1	3	5
8	6	5	7	4	2	9	1	3
4	1	9	6	3	5	2	8	7
3	2	7	9	1	8	4	5	6

27

7	1	4	2	8	9	3	5	6
2	6	8	3	5	4	7	1	9
3	9	5	7	6	1	4	2	8
5	8	2	1	7	6	9	4	3
9	3	1	4	2	8	6	7	5
6	4	7	5	9	3	2	8	1
4	5	3	9	1	2	8	6	7
8	7	9	6	4	5	1	3	2
1	2	6	8	3	7	5	9	4

28

1	7	9	3	5	2	8	6	4
4	8	5	7	1	6	2	9	3
6	2	3	8	4	9	5	1	7
7	9	6	1	8	5	4	3	2
3	4	1	2	9	7	6	8	5
8	5	2	4	6	3	1	7	9
2	6	7	5	3	8	9	4	1
9	3	4	6	2	1	7	5	8
5	1	8	9	7	4	3	2	6

29

6	3	5	7	9	4	8	1	2
9	4	1	2	8	5	7	3	6
7	2	8	3	1	6	9	5	4
1	6	2	9	7	8	3	4	5
4	7	3	5	2	1	6	8	9
8	5	9	4	6	3	2	7	1
3	9	7	1	5	2	4	6	8
5	8	4	6	3	9	1	2	7
2	1	6	8	4	7	5	9	3

30

8	5	7	4	2	9	3	1	6
4	3	1	6	5	7	2	8	9
6	2	9	3	8	1	7	4	5
1	6	2	5	9	4	8	7	3
5	7	8	1	3	6	4	9	2
3	9	4	2	7	8	5	6	1
7	4	5	9	6	2	1	3	8
9	8	3	7	1	5	6	2	4
2	1	6	8	4	3	9	5	7

Answers - Advanced Puzzles

31

9	4	2	6	1	7	3	5	8
1	7	8	4	3	5	9	6	2
6	3	5	9	2	8	4	1	7
3	5	6	7	9	4	8	2	1
4	1	9	8	6	2	7	3	5
8	2	7	3	5	1	6	9	4
2	8	3	5	7	9	1	4	6
7	9	1	2	4	6	5	8	3
5	6	4	1	8	3	2	7	9

32

3	2	4	1	6	9	5	7	8
8	7	1	5	3	2	4	9	6
9	5	6	7	8	4	1	2	3
7	3	9	2	4	6	8	5	1
4	8	5	3	7	1	9	6	2
1	6	2	8	9	5	7	3	4
5	1	7	4	2	3	6	8	9
2	9	8	6	1	7	3	4	5
6	4	3	9	5	8	2	1	7

33

1	8	7	2	6	9	4	5	3
2	5	4	1	3	8	9	7	6
6	9	3	7	4	5	1	8	2
8	4	2	9	7	6	3	1	5
5	7	1	4	2	3	8	6	9
9	3	6	8	5	1	7	2	4
4	2	5	3	8	7	6	9	1
7	6	9	5	1	4	2	3	8
3	1	8	6	9	2	5	4	7

34

7	4	2	8	3	9	5	1	6
6	8	1	4	7	5	2	3	9
5	9	3	6	2	1	7	8	4
3	5	6	7	1	4	9	2	8
2	1	8	9	5	3	6	4	7
9	7	4	2	8	6	3	5	1
1	6	7	5	4	2	8	9	3
4	2	9	3	6	8	1	7	5
8	3	5	1	9	7	4	6	2

35

7	1	2	4	8	9	6	5	3
3	9	5	6	7	1	4	8	2
8	6	4	5	3	2	1	7	9
5	3	7	2	1	8	9	4	6
6	4	1	9	5	7	2	3	8
9	2	8	3	4	6	5	1	7
1	5	6	8	2	3	7	9	4
2	7	3	1	9	4	8	6	5
4	8	9	7	6	5	3	2	1

36

1	9	3	6	4	5	7	2	8
7	4	6	2	3	8	5	1	9
5	2	8	9	1	7	4	3	6
8	6	5	3	9	2	1	4	7
3	7	9	1	8	4	2	6	5
2	1	4	7	5	6	9	8	3
4	8	2	5	7	3	6	9	1
9	3	7	4	6	1	8	5	2
6	5	1	8	2	9	3	7	4

137

37

5	2	6	7	3	9	4	8	1
7	1	3	4	6	8	2	5	9
4	9	8	2	1	5	3	6	7
6	8	1	3	4	7	5	9	2
3	7	2	9	5	1	6	4	8
9	4	5	8	2	6	1	7	3
2	3	9	6	7	4	8	1	5
1	6	7	5	8	2	9	3	4
8	5	4	1	9	3	7	2	6

38

2	8	6	4	9	1	3	5	7
1	9	4	5	7	3	2	8	6
3	5	7	2	6	8	1	4	9
7	2	9	3	8	5	6	1	4
4	1	3	7	2	6	8	9	5
8	6	5	1	4	9	7	2	3
9	4	1	8	3	7	5	6	2
5	3	2	6	1	4	9	7	8
6	7	8	9	5	2	4	3	1

39

9	1	7	5	2	3	8	6	4
5	4	2	6	8	7	9	1	3
6	8	3	1	9	4	2	5	7
7	5	4	8	3	2	6	9	1
3	2	1	9	4	6	7	8	5
8	6	9	7	5	1	3	4	2
4	7	5	2	6	8	1	3	9
1	9	8	3	7	5	4	2	6
2	3	6	4	1	9	5	7	8

40

5	7	8	3	9	2	6	4	1
4	2	9	7	1	6	8	5	3
6	3	1	5	4	8	2	7	9
9	6	5	4	2	1	3	8	7
2	8	3	6	7	5	1	9	4
1	4	7	8	3	9	5	2	6
3	1	4	2	8	7	9	6	5
7	5	2	9	6	3	4	1	8
8	9	6	1	5	4	7	3	2

41

7	6	2	3	1	9	8	5	4
5	8	4	7	6	2	9	1	3
3	9	1	5	4	8	6	7	2
8	2	9	1	7	4	3	6	5
4	5	6	8	2	3	1	9	7
1	3	7	6	9	5	2	4	8
2	1	5	4	3	6	7	8	9
9	7	8	2	5	1	4	3	6
6	4	3	9	8	7	5	2	1

42

1	3	2	4	8	5	6	9	7
8	9	7	2	6	1	5	3	4
5	4	6	3	9	7	1	2	8
6	1	9	5	7	8	3	4	2
3	5	8	6	4	2	9	7	1
7	2	4	9	1	3	8	6	5
4	6	5	8	2	9	7	1	3
2	7	3	1	5	6	4	8	9
9	8	1	7	3	4	2	5	6

43

2	4	5	1	6	9	7	3	8
1	8	6	7	3	5	2	4	9
3	9	7	4	8	2	6	5	1
4	3	2	6	7	1	8	9	5
7	5	8	9	2	4	3	1	6
9	6	1	8	5	3	4	2	7
5	7	4	2	9	8	1	6	3
8	2	3	5	1	6	9	7	4
6	1	9	3	4	7	5	8	2

44

6	4	8	3	1	9	2	5	7
2	5	1	8	6	7	9	4	3
7	9	3	5	2	4	1	8	6
4	6	9	2	7	8	5	3	1
3	8	5	1	9	6	7	2	4
1	2	7	4	3	5	6	9	8
5	3	6	7	8	2	4	1	9
8	7	4	9	5	1	3	6	2
9	1	2	6	4	3	8	7	5

45

5	8	4	3	1	9	6	2	7
7	1	3	5	2	6	8	4	9
2	6	9	8	4	7	1	5	3
9	3	1	6	8	2	5	7	4
4	7	8	9	5	1	2	3	6
6	2	5	4	7	3	9	1	8
1	4	7	2	6	8	3	9	5
8	9	2	7	3	5	4	6	1
3	5	6	1	9	4	7	8	2

46

6	4	5	1	9	2	8	7	3
3	8	7	5	4	6	2	9	1
1	9	2	7	8	3	5	6	4
9	3	4	6	7	8	1	2	5
5	1	6	4	2	9	7	3	8
2	7	8	3	5	1	6	4	9
4	5	1	2	3	7	9	8	6
8	2	3	9	6	5	4	1	7
7	6	9	8	1	4	3	5	2

47

6	8	3	5	9	4	1	2	7
7	2	1	6	8	3	5	9	4
9	4	5	1	7	2	3	6	8
3	5	4	7	6	9	8	1	2
2	6	7	8	4	1	9	5	3
1	9	8	3	2	5	7	4	6
8	1	2	4	5	7	6	3	9
5	7	9	2	3	6	4	8	1
4	3	6	9	1	8	2	7	5

48

4	5	7	1	8	3	2	6	9
3	8	2	6	9	5	7	4	1
6	1	9	2	7	4	8	5	3
7	6	5	3	1	8	9	2	4
8	3	4	9	6	2	5	1	7
2	9	1	4	5	7	3	8	6
5	4	6	8	3	9	1	7	2
1	7	3	5	2	6	4	9	8
9	2	8	7	4	1	6	3	5

49

6	1	4	8	7	3	2	5	9
7	2	3	5	9	6	1	4	8
8	9	5	4	1	2	3	6	7
9	4	1	6	3	8	5	7	2
3	7	6	2	5	1	8	9	4
2	5	8	7	4	9	6	3	1
1	3	7	9	2	5	4	8	6
5	6	9	1	8	4	7	2	3
4	8	2	3	6	7	9	1	5

50

5	2	7	3	6	1	4	8	9
3	1	8	4	9	2	5	6	7
9	4	6	5	8	7	3	2	1
2	3	1	7	4	5	8	9	6
4	6	9	8	1	3	2	7	5
8	7	5	6	2	9	1	3	4
6	5	4	2	7	8	9	1	3
7	9	2	1	3	4	6	5	8
1	8	3	9	5	6	7	4	2

Made in the USA
Lexington, KY
25 July 2014